Les
Métamorphoses

CLASSICOCOLLÈGE

Les Métamorphoses

OVIDE

Adaptation de Martine Laffon
d'après la traduction de Georges Lafaye

Dossier par Juliette Morando
Agrégée de lettres classiques

BELIN ■ GALLIMARD

Sommaire

Introduction

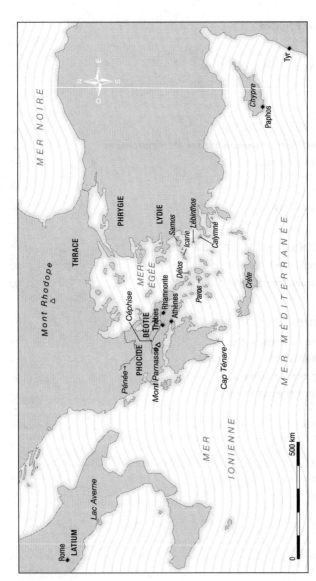

Carte des lieux évoqués dans *Les Métamorphoses*.

Introduction

Tel Orphée charmant les dieux et la nature, Ovide nous enchante toujours avec *Les Métamorphoses*, deux mille ans après les avoir composées. N'avait-il pas raison lorsqu'il terminait son œuvre magistrale (plus de douze mille vers et deux cents légendes!) en affirmant qu'elle serait immortelle et qu'à travers elle, il continuerait à vivre? Devenues un classique dès l'Antiquité, *Les Métamorphoses* ont été fort appréciées au Moyen Âge et ont traversé les siècles et les arts, inspirant de nombreuses peintures, des sculptures et des opéras.

Vous allez découvrir dans les pages qui suivent un univers merveilleux et étrange, parfois terrifiant, où par l'intervention des dieux, les pierres deviennent des hommes, les amants des arbres éternellement enlacés et où l'amour transforme une statue en femme. Ces métamorphoses donnent des explications inattendues et poétiques sur le monde. Vous serez surpris ainsi de découvrir que l'araignée et le laurier furent à l'origine de belles jeunes filles. Mais suivons maintenant les pas du poète...

Invocation aux dieux

Je vais vous raconter les métamorphoses des êtres et des choses en des corps nouveaux. Et, puisque ces métamorphoses sont aussi votre ouvrage, ô dieux, inspirez-moi et guidez-moi du début à la fin de ce poème, depuis les plus
5 lointaines origines du monde jusqu'à ce jour.

[Livre I]

NOTE SUR L'ÉDITION

Cette édition par extraits est une adaptation de la traduction de Georges Lafaye. Les titres des épisodes ont été choisis par l'adaptatrice. À la fin de chaque épisode est indiqué le livre des *Métamorphoses* d'où il est extrait. Un glossaire des principales divinités de la mythologie romaine figure à la fin du volume (p. 124-128).

Deucalion et Pyrrha

La Phocide[1] a été une terre fertile mais, à présent, elle fait partie de la mer et n'est plus qu'une vaste plaine d'eaux[2]. Seule une montagne escarpée, le Parnasse, se dresse au-dessus des flots et élève sa cime[3] jusqu'aux astres, par-delà les nuages.

Lorsque Deucalion, monté sur une petite barque, aborde en ce lieu avec son épouse, ils adressent leurs prières aux Nymphes Coryciennes[4], aux divinités de la montagne et à Thémis[5], qui y rend des oracles[6]. Jamais homme n'a été plus vertueux ni plus soucieux de la justice que lui, jamais femme n'a craint les dieux plus que la sienne.

L'univers inondé ne forme plus alors qu'une plaine liquide et, parmi tant de milliers d'hommes il n'en reste qu'un seul, parmi tant de milliers de femmes il n'en reste qu'une seule, innocents l'un et l'autre, pieux adorateurs de

---

1. Phocide : région de Grèce continentale. Voir carte, p. 6.
2. Pour punir les hommes de leur mauvais comportement, Zeus a déclenché un déluge sur la terre, qui a tout englouti.
3. Cime : sommet.
4. Nymphes Coryciennes : divinités habitant une grotte du Parnasse.
5. Thémis : déesse de la loi.
6. Oracles : réponses d'une divinité aux questions des hommes.

la divinité[1] l'un et l'autre. Quand Jupiter voit cela, il dissipe les nuages, chasse les brouillards au souffle de l'Aquilon[2] et montre ainsi la terre au ciel et le ciel à la terre. Il ne subsiste plus rien des fureurs de la mer car Neptune, le maître des

20 océans, dépose son trident et apaise les flots. Il appelle son fils Triton, lui ordonne de souffler dans sa conque[3] sonore et de ramener en arrière les flots de la mer et des fleuves. Triton prend sa trompe dont les sons éclatants retentissent d'un bout de la terre à l'autre. Aussitôt toutes

25 les eaux de la terre et de la mer reculent en l'entendant. La mer retrouve des rivages ; les fleuves rentrent dans leur lit ; les eaux baissent ; on voit sortir les collines et la terre surgit au fur et à mesure que décroissent les ondes[4] ; les forêts montrent leurs cimes dénudées et leur feuillage où

30 reste encore attaché un dépôt de limon[5].

L'univers a retrouvé l'ordre qu'il avait avant le déluge. Mais, devant ce monde vide et désolé, où règne un profond silence, Deucalion fond en larmes :

« Ô ma sœur, dit-il à Pyrrha, ô mon épouse, seule survivante

35 de toutes les femmes, toi qui m'es unie par le sang, puisque nos pères sont frères[6], toi qui m'es unie par le mariage, nous voici unis aussi maintenant par le malheur : sur toutes les terres que voit le soleil, du couchant au levant, nous sommes à nous deux les seuls représentants de l'humanité,

40 tous les autres sont devenus la proie de l'océan. Et nous

---

1. Pieux adorateurs de la divinité : très attachés à respecter les rites religieux.
2. Aquilon : vent du nord.
3. Conque : grand coquillage en forme de spirale.
4. Ondes : eaux (nom poétique).
5. Limon : terre fertile déposée par les eaux qui se retirent.
6. Deucalion est le fils de Prométhée, Pyrrha est la fille d'Épiméthée. C'est parce qu'ils sont cousins germains que Deucalion appelle Pyrrha sa « sœur ».

ne sommes même pas certains aujourd'hui d'avoir la vie sauve : des nuages jettent toujours l'effroi[1] dans mon âme. Ah ! si seulement je pouvais créer des peuples nouveaux avec l'art de mon père Prométhée et introduire des âmes
45 dans de la terre façonnée par mes mains ! »

Tous deux pleurent à ces mots puis ils décident d'implorer la puissance céleste[2] et de chercher du secours dans l'oracle sacré. Sans tarder, ils se rendent ensemble vers les eaux du Céphise[3], qui ne sont pas encore limpides mais
50 ont déjà repris leur cours habituel. Ils y puisent quelques gouttes, les répandent sur leurs vêtements et sur leur tête[4], puis ils se dirigent vers le sanctuaire de Thémis, l'auguste déesse, où le feu manque sur les autels[5] toujours debout. Quand Deucalion et Pyrrha atteignent les marches du tem-
55 ple, ils se prosternent tous deux jusqu'à terre et baisent en tremblant la pierre glacée :

« Si les prières du juste, disent-ils, sont assez puissantes pour attendrir la divinité, si elles peuvent fléchir la colère des dieux, révèle-nous, Thémis, comment peuvent
60 être réparés les dommages[6] subis par le genre humain et accorde ton secours, ô déesse miséricordieuse[7], au monde submergé. »

La déesse, touchée par leur prière, rend cet oracle :

---

1. **Effroi** : grande peur.
2. **Céleste** : des dieux.
3. **Céphise** : fleuve qui coule au nord du Parnasse.
4. Il s'agit de gestes de purification avant de s'adresser à la divinité.
5. **Autels** : tables de pierres sur lesquelles on accomplissait les rites religieux.
6. **Dommages** : dégâts, pertes.
7. **Miséricordieuse** : qui accorde le pardon facilement.

« Éloignez-vous du temple, voilez-vous la tête, détachez
65   la ceinture[1] de vos vêtements et jetez derrière votre dos les
os de votre grande mère. »

Ils restent longtemps déconcertés. Pyrrha rompt le silence
la première et refuse d'obéir aux ordres de la déesse : d'une
voix tremblante, elle la supplie de lui pardonner si elle
70   n'ose outrager[2] l'ombre de sa mère en jetant ses os çà et là.
Cependant Deucalion et Pyrrha réfléchissent à la réponse
de l'oracle, si obscure pour eux. Ils la retournent en tous
sens dans leur esprit. Enfin le fils de Prométhée calme la
fille d'Épiméthée par ces paroles rassurantes :

75   « Ou ma perspicacité me trompe, dit-il, ou l'oracle respecte la piété filiale[3] et ne nous conseille aucun crime. Notre
grande mère, c'est la terre ; les pierres, dans le corps de la
terre, sont, j'en suis convaincu, ce qu'il appelle ses os ; voilà
ce qu'il nous ordonne de jeter derrière notre dos. »

80   La fille du Titan[4] est ébranlée par cette interprétation, mais elle hésite à espérer, tant ils se défient[5] tous les
deux des instructions célestes. Mais que leur en coûtera-
t-il d'essayer ? Ils s'éloignent, se voilent la tête, dénouent
leur tunique et, comme ils en ont reçu l'ordre, lancent
85   des pierres derrière leurs dos. Ces pierres – un récit très
ancien en témoigne – perdent leur dureté et leur apparence
rigide, elles s'amollissent peu à peu et, en s'amollissant,
prennent une nouvelle forme. Puis elles s'allongent, leur

---

1. Comme la purification avec l'eau page 11, se voiler la tête et dénouer sa ceinture faisaient partie des gestes rituels des cérémonies religieuses antiques.
2. Outrager : offenser, injurier.
3. Piété filiale : respect de la famille.
4. La fille du Titan : la fille d'Épiméthée, Pyrrha. Les Titans sont des divinités primitives, enfantées par Ouranos, le Ciel, et Gaïa, la Terre.
5. Ils se défient : ils se méfient.

nature s'adoucit et on peut bientôt y reconnaître, quoique
90 de manière vague encore, la figure humaine, telle qu'elle
commence à sortir du marbre, à peine ébauchée et toute
pareille à une statue inachevée. La partie de ces pierres où
quelques substances liquides se mêlent à la terre devient de
la chair ; ce qui est solide et ne peut fléchir se change en
95 os ; ce qui était veine[1] subsiste sous le même nom. En peu
de temps, comme l'ont voulu les dieux, les pierres lancées
par des mains masculines prennent la forme d'un homme,
les pierres lancées par des mains féminines prennent celle
d'une femme.

100 Voilà pourquoi nous sommes une race dure, capable de
supporter la fatigue ; nous donnons nous-mêmes la preuve
de notre origine première.

[Livre I]

---

1. **Veine** : ligne colorée visible sur les pierres.

Daphné

Le premier amour de Phébus[1] a été Daphné, fille du dieu fleuve Pénée. Sa passion est née, non d'un hasard aveugle, mais d'une vengeance de Cupidon.

Phébus, le dieu de Délos[2], fier de sa récente victoire sur le serpent Python[3], voit Cupidon tirer la corde de son arc et en courber les deux extrémités :

« Qu'as-tu à faire, espiègle enfant, dit-il, de cette arme puissante ? C'est à mes épaules qu'il convient de la suspendre : avec elle je peux porter des coups fatals à une bête sauvage ou à un ennemi. Hier encore, j'ai abattu de mes flèches innombrables Python et son ventre gonflé de poisons. Toi, contente-toi d'allumer avec ta torche[4] je ne sais quelles flammes d'amour. Garde-toi de prétendre à mes succès[5]. »

Le fils de Vénus lui répond :

---

1. Phébus : Apollon.
2. Délos : île grecque située au centre de l'archipel des Cyclades, sur laquelle se trouvait un important sanctuaire consacré à Apollon.
3. Python : serpent monstrueux né de la Terre.
4. Dans l'Antiquité, des porteurs de torches accompagnaient le cortège des mariés.
5. Garde-toi de prétendre à mes succès : ne pense pas pouvoir être aussi fort que moi quand je combats avec mon arc.

« Ton arc, Phébus, peut tout transpercer mais le mien va te transpercer toi-même. Autant tous les animaux sont au-dessous de toi, autant ta gloire[1] est inférieure à la mienne. »

20 Sur ces mots, il fend l'air du battement de ses ailes et, sans perdre un instant, se pose sur la cime ombragée du Parnasse. De son carquois[2] il tire deux flèches aux effets bien différents : l'une chasse l'amour, l'autre le fait naître. Celle qui le fait naître est dorée et armée d'une pointe 25 aiguë et brillante, celle qui le chasse est en plomb et sa pointe est émoussée[3].

Cupidon blesse la nymphe Daphné, fille du Pénée, avec la seconde flèche et, avec la première, il blesse Apollon et le transperce jusqu'à la moelle des os[4]. Celui-ci tombe aussitôt 30 amoureux ; la nymphe, elle, fuit même le nom d'amante. Comme la chaste déesse Diane, la solitude des forêts, les dépouilles[5] des bêtes sauvages qu'elle a capturées suffisent à la rendre heureuse ; une simple bandelette retient ses cheveux en désordre. Beaucoup de prétendants lui ont 35 déjà fait des avances mais elle les a toutes dédaignées[6]. Qu'est-ce que l'amour, le mariage ? Elle ne se soucie pas de le savoir. Son père lui dit souvent :

« Tu me dois un gendre, ma fille. »

Son père, souvent, lui répète aussi :

40 « Tu me dois des petits-enfants, ma fille. »

---

1. Gloire : célébrité.
2. Carquois : étui contenant les flèches.
3. Émoussée : qui n'est plus pointue, contrairement à « aiguë », lignes 24-25.
4. Jusqu'à la moelle des os : jusqu'au plus profond des os.
5. Dépouilles : peaux.
6. Dédaignées : méprisées, ignorées.

Mais elle, comme s'il s'agissait d'un crime, a horreur de l'évocation du mariage. La rougeur de la honte se répand sur son beau visage, elle suspend ses bras caressants au cou de son père et lui répond :

45 «Permets-moi, mon père bien-aimé, de savourer éternellement ma virginité ; Diane l'a bien obtenu du sien. »

Son père y consent. Mais Daphné a trop de charmes, elle est trop belle pour qu'il en soit comme elle le souhaite.

Phébus est amoureux. Il a vu Daphné, il veut s'unir à elle ;
50 ce qu'il désire, il espère l'obtenir. Tout comme le chaume[1] s'embrase une fois les épis moissonnés, tout comme une haie se consume au feu de la torche qu'un voyageur, par hasard, a trop approchée ou a oubliée au lever du jour, ainsi s'enflamme le dieu. Ainsi brûle-t-il jusqu'au fond
55 de son cœur et il nourrit d'espoir un amour stérile[2]. Il contemple les cheveux de la nymphe flottant sur son cou sans ornements : «Que serait-ce, pense-t-il, si elle prenait soin de sa coiffure ? » Il voit ses yeux brillants comme les astres ; il voit sa petite bouche, qu'il ne lui suffit pas de voir ;
60 il admire ses doigts, ses mains, ses poignets et ses bras plus qu'à demi nus. Et ce qui lui est caché, il l'imagine plus parfait encore.

Daphné, elle, fuit, plus rapide que la brise légère. Phébus a beau l'appeler, il ne peut la retenir par ses paroles :
65 «Ô nymphe, fille du Pénée, je t'en prie, arrête-toi ! Arrête-toi, Daphné, ce n'est pas un ennemi qui te poursuit. Comme toi, l'agnelle fuit le loup et la biche, le lion ; les colombes, d'une aile tremblante, fuient l'aigle ; chacune

---

1. Chaume : paille.
2. Stérile : qui ne sert à rien, qui ne sera pas partagé.

fuit son ennemi. Mais moi, c'est l'amour qui me jette sur
70 tes traces, malheureux que je suis! Prends garde de tomber
tête la première! Je ne voudrais pas que tes jambes soient
blessées par les ronces, je ne voudrais pas être pour toi cause
de douleur! Le terrain sur lequel tu cours est irrégulier!
Va moins vite, je t'en supplie, ralentis ta fuite. Moi aussi
75 je ralentirai ma poursuite. Apprends au moins qui tu as
charmé : je ne suis pas un habitant de la montagne ni un
berger, un de ces hommes incultes[1] qui gardent les bœufs
et les moutons. Tu ne sais pas, imprudente, tu ne sais pas
qui tu fuis et c'est pourquoi tu le fuis. Mon père est Jupi-
80 ter. C'est moi qui révèle l'avenir, le passé et le présent aux
mortels, c'est moi qui unis harmonieusement les accents
de la voix aux sons de la lyre[2]. Mes flèches frappent à coup
sûr mais il en est une autre, hélas, qui frappe plus sûrement
encore, c'est celle qui a blessé mon cœur. Je suis l'inventeur
85 de la médecine : le monde entier m'appelle secourable et
je connais parfaitement les pouvoirs des plantes. Hélas, il
n'y a point de plantes capables de guérir l'amour et mon
art, utile à tous, est inutile à moi-même. »

Phébus va en dire davantage, mais la fille du Pénée,
90 continuant sa course éperdue[3], fuit et le laisse là, lui et son
discours inachevé. Daphné est toujours aussi belle à ses
yeux : le souffle des vents, venant sur elle en sens contraire,
soulève ses vêtements et dévoile sa nudité, la brise légère
rejette ses cheveux en arrière. Sa fuite rehausse encore sa
95 beauté. Le jeune dieu renonce à lui adresser en vain des

---

1. Incultes : ignorants.
2. Lyre : instrument de musique à cordes.
3. Éperdue : affolée.

paroles tendres et, poussé par l'Amour lui-même, il suit les pas de la nymphe en redoublant de vitesse.

Le dieu et la vierge sont emportés l'un par l'espoir, l'autre par la crainte. Mais le poursuivant, entraîné par les 100 ailes de l'Amour, est plus rapide et n'a pas besoin de repos. Déjà il se penche sur les épaules de la fugitive, il effleure de son souffle ses cheveux épars[1]. Daphné, à bout de forces, blêmit et, brisée par la fatigue, elle tourne les yeux vers les eaux du Pénée et implore son père :

105 «Viens, mon père, lui dit-elle, viens à mon secours, si les fleuves comme toi ont un pouvoir divin, délivre-moi par une métamorphose de cette beauté trop séduisante.»

À peine achève-t-elle sa prière qu'une lourde torpeur[2] s'empare de ses membres ; une mince écorce enveloppe 110 son sein délicat ; ses cheveux s'allongent et se changent en feuillage ; ses bras en rameaux[3] ; ses pieds, tout à l'heure si agiles, s'attachent à la terre et prennent racine. La cime d'un arbre couronne sa tête. De ses charmes il ne reste plus que l'éclat.

115 Cependant, Phébus l'aime toujours. Sa main posée sur le tronc, il sent encore le cœur de Daphné palpiter sous l'écorce nouvelle. Il enlace les rameaux qui ont remplacé les bras de la nymphe et couvre le bois de ses baisers. Mais le bois les repousse. Alors le dieu s'exclame :

120 «Puisque tu ne peux pas être mon épouse, tu seras mon arbre. Ô laurier, tu orneras à tout jamais ma chevelure, mes cithares[4], mes carquois. Tu accompagneras

---

1. Épars : dénoués.
2. Torpeur : engourdissement.
3. Rameaux : petites branches d'arbre.
4. Cithares : lyres.

les capitaines du Latium, quand des voix joyeuses feront entendre des chants de triomphe et que le Capitole verra venir à lui de longs cortèges[1]. De même que ma tête, dont la chevelure n'a jamais été coupée, conserve une éternelle jeunesse, de même la tienne gardera toujours la parure de son feuillage.»

À ces mots, le laurier incline ses jeunes branches et le dieu le voit agiter sa cime à la manière d'une tête.

[Livre I]

---

1. Cette phrase évoque l'époque d'Ovide et la coutume du triomphe à Rome (ville située dans la région du Latium). Quand un général remportait une victoire, il entrait dans Rome sur un char, ceint d'une couronne de laurier et vêtu d'une cape rouge. Il montait alors au Capitole (l'une des sept collines de Rome), précédé de son butin et suivi de ses troupes.

Narcisse et Écho

Le devin[1] Tirésias, dont la renommée s'est répandue dans toutes les villes de l'Aonie[2], donne au peuple qui vient le consulter des réponses infaillibles[3]. La première à avoir éprouvé la vérité de ses oracles est Liriope aux che-
5 veux d'azur. Le Céphise un jour l'a enlacée dans son cours sinueux et, la tenant enfermée au milieu de ses ondes, lui a fait violence. Peu de temps après, Liriope a mis au monde un enfant digne d'être aimé des nymphes qu'elle a appelé Narcisse. Elle est allée demander au devin si son
10 fils connaîtrait une belle vieillesse. Le devin, interprète de la destinée, lui a répondu :

« S'il ne se connaît pas. »

Longtemps ce mot de l'augure[4] a paru vain[5] mais il a été justifié par la réalité, par le genre de mort de Narcisse
15 et par son étrange délire.

À quinze ans déjà, le fils du Céphise peut passer aussi bien pour un enfant que pour un jeune homme : il fait

---

1. **Devin** : personne qui prédit l'avenir.
2. **Aonie** : Béotie, région de Grèce continentale.
3. **Infaillibles** : qui ne peuvent être fausses.
4. **Augure** : prêtre chargé de prédire l'avenir.
5. **Vain** : faux.

naître le désir chez beaucoup de jeunes gens et chez beaucoup de jeunes filles. Mais sa beauté encore tendre cache
un orgueil[1] si dur que ni jeunes gens ni jeunes filles ne
peuvent l'émouvoir.

Un jour qu'il chasse et rabat vers ses filets des cerfs trem-
blants, il frappe les regards de la nymphe Écho à la voix
sonore qui ne sait ni se taire quand on lui parle, ni parler la
première, mais qui répète les sons. Écho a alors un corps : ce
n'est pas simplement une voix et pourtant sa bouche bavarde
ne lui sert qu'à renvoyer, comme aujourd'hui, les derniers
mots de tout ce qu'on lui dit. Ainsi l'a voulu Junon. Quand
la déesse en effet risquait de surprendre les nymphes qui
souvent, dans les montagnes, s'abandonnaient aux caresses
de son Jupiter, Écho s'appliquait à la retenir par de longs
entretiens, pour donner aux nymphes le temps de fuir. Mais
la fille de Saturne[2] s'en est aperçue et lui a dit :

« Cette langue qui m'a trompée ne te servira plus guère
et tu ne feras plus de ta voix qu'un très bref usage. »

Junon a mis sa menace à exécution : Écho ne peut
désormais que répéter les derniers sons émis par la voix
et rapporter les mots qu'elle entend.

Un jour, elle voit Narcisse errant à travers les campagnes
solitaires et, aussitôt brûlée de désir, elle le suit en cachette.
Plus elle le suit, plus son cœur s'embrase. Oh ! combien
de fois elle veut l'aborder avec des paroles caressantes et
lui adresser de douces prières ! Mais sa nature s'y oppose
et ne lui permet pas de parler la première. Puisque cela
lui est permis, elle est prête cependant à guetter des sons
auxquels elle peut répondre par des paroles.

---

1. Orgueil : sentiment qui porte à se croire supérieur aux autres.
2. Fille de Saturne : Junon.

Ainsi, quand le jeune homme, séparé de la troupe de ses fidèles compagnons, crie: «Y a-t-il quelqu'un près de moi?», Écho répond: «Moi». Plein de stupeur, Narcisse promène ses regards de tous côtés. «Viens!» crie-t-il à pleine voix et à son appel, la nymphe répond par un appel. Il se retourne et, ne voyant venir personne, il s'exclame:

«Pourquoi me fuis-tu?» Il recueille alors autant de paroles qu'il en a prononcées. Il insiste et, abusé[1] par la voix qui semble alterner avec la sienne, il ajoute:

«Ici! réunissons-nous!»

Il n'y a pas de mot auquel Écho puisse répondre avec plus de plaisir:

«Unissons-nous!» répète-t-elle et, charmée elle-même de ce qu'elle a dit, elle sort de la forêt et veut jeter ses bras autour du cou tant espéré. Narcisse fuit et, tout en fuyant, s'exclame:

«Retire ces mains qui m'enlacent. Plutôt mourir que de m'abandonner à toi!»

Elle ne répète que ces paroles: «m'abandonner à toi!»

Méprisée, elle se cache dans les forêts où elle dissimule sa honte et, depuis lors, elle vit dans des recoins solitaires mais son amour reste gravé dans son cœur et le chagrin d'avoir été repoussée ne fait qu'accroître sa passion. Les soucis qui la tiennent éveillée épuisent son corps misérable, la maigreur dessèche sa peau. Il ne lui reste que la voix et les os: sa voix est intacte, ses os ont pris, dit-on, l'apparence de la pierre. Depuis, elle reste cachée dans les forêts, elle ne se montre plus sur les montagnes mais tout le monde l'entend: un son, c'est tout ce qui survit en elle.

---

1. Abusé: trompé.

Comme elle, d'autres nymphes, nées dans les eaux ou sur les montagnes, et auparavant une foule de jeunes hommes se sont vus dédaignés par Narcisse. Un jour, une victime de son mépris, levant les mains vers le ciel, s'écrie :

80 « Puisse-t-il aimer, lui aussi, et ne jamais être aimé en retour ! »

Némésis, la déesse de Rhamnonte[1], exauce cette juste prière.

Il existe une source limpide dont les eaux brillent comme
85 de l'argent ; jamais les pâtres[2] ni les chèvres qu'ils font paître sur la montagne, ni aucun autre bétail ne l'ont approchée, jamais un oiseau, une bête sauvage ou un rameau tombé d'un arbre n'en a troublé la pureté. Elle est entourée d'une herbe verdoyante, une forêt empêche le soleil de
90 réchauffer le lieu. C'est là qu'un jour, fatigué d'une chasse ardente et de la chaleur, Narcisse vient se reposer, séduit par la beauté du site et par la fraîcheur de la source. Il veut apaiser sa soif mais il sent naître en lui une soif nouvelle. Tandis qu'il boit, il s'éprend[3] de son image qu'il aperçoit
95 dans l'onde : il prend pour un corps ce qui n'est que de l'eau, il s'extasie[4] devant lui-même. Il demeure immobile, le visage impassible, semblable à une statue taillée dans le marbre de Paros[5]. Étendu sur le sol, il contemple ses yeux qui brillent comme deux astres, sa chevelure digne de celle
100 d'Apollon, ses joues lisses, son cou d'ivoire, sa bouche gracieuse, son teint vermeil[6] uni à une blancheur de neige.

---

1. Rhamnonte : ville grecque où se trouvait un sanctuaire dédié à Némésis.
2. Pâtres : bergers.
3. Il s'éprend : il tombe amoureux.
4. Il s'extasie : il s'émerveille.
5. Paros : île grecque de l'archipel des Cyclades, réputée pour son marbre blanc.
6. Vermeil : rouge vif.

Il admire tout ce qui le rend admirable. Sans s'en douter, il se désire lui-même. Il est l'amant et l'être aimé. Que de fois donne-t-il des baisers sans retour à cette source trom-
105   peuse ! Que de fois plonge-t-il les bras pour enlacer le cou aperçu au milieu des eaux sans pouvoir l'atteindre ! Que voit-il ? Il ne le sait pas mais ce qu'il voit le brûle, l'erreur qui trompe ses yeux les enflamme.

Naïf enfant, pourquoi t'obstines-tu vainement à saisir
110   une image fugitive ? Ce que tu recherches n'existe pas. Ce que tu aimes s'évanouira si tu te retournes. Le fantôme que tu aperçois n'est que le reflet de ton image, il n'est rien par lui-même. Il disparaîtrait, si tu pouvais t'en éloigner.

Mais ni la faim, ni le sommeil ne peuvent l'arracher de
115   cette source. Allongé dans l'herbe épaisse, il contemple l'image trompeuse sans répit. Il dépérit[1], victime de ses propres yeux. Légèrement soulevé, il tend les bras vers les arbres et les prend à témoin :

« Ô forêts, se lamente-t-il, un amant a-t-il subi un sort
120   plus cruel que le mien ? Vous devez le savoir car vous avez souvent offert un refuge à l'amour. Vous, qui avez vécu tant de siècles, vous souvenez-vous d'avoir vu un amant dépérir comme moi ? Un être me charme, je le vois, mais je ne peux l'atteindre ! Et, pour comble de douleur, nous
125   ne sommes séparés ni par une mer immense, ni par de longues routes, ni par des montagnes, ni par des remparts mais juste par un filet d'eau ! Lui aussi, il me désire car chaque fois que je tends mes lèvres vers ces eaux limpides pour l'embrasser, chaque fois il s'efforce de rapprocher
130   sa bouche de la mienne. Il me semble pouvoir le toucher,

---

1. **Il dépérit** : il s'affaiblit.

un rien nous sépare. Qui que tu sois, viens près de moi !
Pourquoi te moquer ainsi de moi ? Où fuis-tu, quand je
te cherche ? Ni ma figure, ni mon âge ne peuvent te faire
fuir : des nymphes même m'ont aimé ! Ton visage amical
135 me laisse cependant je ne sais quel espoir : quand je te
tends les bras, tu me tends les tiens, quand je te souris, tu
me souris, quand je pleure, souvent tu pleures aussi. D'un
signe de la tête, tu réponds à mes signes et, si j'en crois
le mouvement de ta jolie bouche, tu me réponds par des
140 paroles qui n'arrivent pas jusqu'à mes oreilles… Mais je le
comprends maintenant, mon image ne me trompe plus,
je brûle d'amour pour moi-même ! Que faire ? Que puis-je
demander ? Ce que je désire est en moi. Oh ! si seulement
je pouvais me séparer de mon corps ! Quelle étrange prière
145 pour un amant ! Déjà la douleur épuise mes forces. Il ne me
reste plus longtemps à vivre, je meurs dans la fleur de l'âge.
Mais la mort ne m'est pas cruelle car elle me délivrera de
mes souffrances. Je voudrais que celui que j'aime vive plus
longtemps mais, unis par le même cœur, nous rendrons
150 ensemble le dernier souffle. »

Sur ces mots, Narcisse contemple de nouveau son image.
Ses larmes troublent l'eau, l'image aimée s'efface. Alors,
dans son délire, il s'écrie :

« Où fuis-tu, cruel ? Reste, n'abandonne pas celui qui
155 t'adore. Ce que je ne peux toucher, laisse-moi au moins le
contempler ! Laisse-moi nourrir ma triste folie ! »

Accablé de douleur, il arrache son vêtement et, de ses
mains blanches comme le marbre, il se frappe violemment
la poitrine. Quand il aperçoit les meurtrissures[1] de son corps

---

1. Meurtrissures : marques laissées par les coups.

160 dans l'onde redevenue limpide, il ne peut en supporter davantage. Narcisse dépérit, consumé par l'amour, et il succombe au feu secret qui le dévore. Il a perdu ce teint dont la blancheur se colorait d'un éclat vermeil ; il a perdu sa vigueur, ses forces et tous ses charmes. Il ne reste plus
165 rien de l'image qu'il a admirée, il ne reste plus rien de la beauté qu'Écho a aimée.

Quand la nymphe le revoit, bien qu'animée encore de rancune contre lui, elle le prend en pitié. Chaque fois que le malheureux jeune homme s'écrie : « Hélas ! », la voix de
170 la nymphe répète « Hélas ! ». Chaque fois qu'il se frappe la poitrine et les bras, elle renvoie l'écho de ses coups. Enfin, quand Narcisse se regarde une dernière fois dans l'onde en soupirant : « Hélas ! enfant que j'ai vainement chéri ! », elle redit les mêmes mots et quand il murmure : « Adieu ! »,
175 elle répète : « Adieu ! ».

Alors Narcisse laisse tomber sa tête sur l'herbe verte et la mort ferme ses yeux, qui admirent toujours sa propre beauté. Et, une fois arrivé aux Enfers, il se regarde encore dans l'eau du Styx[1]. Ses sœurs, les Naïades, le pleurent et
180 se coupent les cheveux en signe de deuil. Les Dryades[2] le pleurent aussi et Écho répète leurs gémissements.

Déjà les nymphes préparent la cérémonie funèbre[3] mais le corps de Narcisse a disparu. À sa place, elles trouvent une fleur jaune couleur de safran[4] dont le cœur est entouré
185 de pétales blancs.

[Livre III]

---

1. **Styx** : fleuve des Enfers.
2. **Naïades, Dryades** : nymphes des eaux et des arbres.
3. **Cérémonie funèbre** : enterrement.
4. **Couleur de safran** : jaune orangé.

Un quiz pour commencer

Cochez les bonnes réponses.

❶ *Qui provoque les métamorphoses ?*
- ☐ Les Furies.
- ☐ Les Titans.
- ☒ Les dieux.

❷ *Que doivent jeter derrière eux Deucalion et Pyrrha ?*
- ☐ Les ossements de leur grand-mère.
- ☐ Les os d'animaux sacrifiés.
- ☒ Des cailloux ramassés par terre.

❸ *Pourquoi les hommes sont-ils une « race dure, capable de supporter la fatigue » ?*
- ☐ Parce qu'ils ont subi beaucoup de malheurs.
- ☒ Parce qu'ils sont issus de la métamorphose des pierres.
- ☐ Parce qu'ils travaillent dur.

❹ Pourquoi Apollon poursuit-il Daphné ?

☐ Parce qu'il veut la tuer.

☒ Parce qu'il l'aime.

☐ Parce que Jupiter le lui a ordonné.

❺ Pourquoi Daphné supplie-t-elle son père de la métamorphoser ?

☒ Parce qu'elle refuse l'amour d'Apollon.

☐ Parce qu'elle rêve de devenir un arbre.

☐ Parce qu'elle a peur des foudres de Jupiter.

❻ En quoi est-elle métamorphosée ?

☐ En fleur.

☒ En laurier.

☐ En rocher.

❼ Pourquoi la nymphe Écho ne peut-elle plus parler correctement ?

☐ Parce que sa langue a été coupée.

☐ Parce qu'elle a une grave maladie.

☒ Parce qu'elle a été punie par Junon.

❽ De qui Narcisse est-il amoureux ?

☒ De lui-même.

☐ De la nymphe Écho.

☐ De la déesse Diane.

Des questions pour aller plus loin

☞ Découvrir les métamorphoses et leur univers

Des hommes à l'étrange destinée

❶ Pourquoi, à votre avis, Deucalion et Pyrrha ont-ils été épargnés par le déluge et choisis pour créer une nouvelle race humaine ? Vous citerez le texte pour justifier votre réponse.

❷ Relevez les expressions du texte qui soulignent la beauté de Daphné.

❸ Pourquoi Daphné juge-t-elle sa « beauté trop séduisante » (l. 107, p. 18) ?

❹ Dans le portrait de Narcisse (l. 98-101, p. 23), relevez les expansions du nom, en précisant leur nature grammaticale (adjectif qualificatif ou participe passé épithète, groupe nominal complément du nom, proposition subordonnée relative). Que mettent-elles en valeur chez le personnage ?

❺ De qui Narcisse tombe-t-il amoureux ? Comment cet amour s'exprime-t-il ?

Des interventions divines

❻ Relisez les lignes 64 à 79 de la page 12 et expliquez ce que signifie l'ordre donné par Thémis à Deucalion et Pyrrha.

❼ Repérez, dans le discours d'Apollon (l. 65-88, p. 16-17), les raisons qu'il présente à Daphné pour la convaincre de l'aimer.

❽ Quelles sont les déesses qui interviennent dans l'histoire d'Écho et de Narcisse ? Quel rôle jouent-elles ?

Les étapes de la métamorphose

9 Dans les pierres qui sont en train de se transformer en hommes, on voit apparaître «la figure humaine [...] toute pareille à une statue inachevée» (l. 91-92, p. 13). Comment s'appelle la figure de style employée? Que signifie-t-elle?

10 Dans le passage racontant la métamorphose de Daphné (p. 18-19), relevez les mots qui appartiennent d'une part au champ lexical du corps humain et d'autre part à celui de l'arbre.

11 Dans la transformation des pierres (p. 12-13, l. 85-99) et dans celle de Daphné (p. 18, l. 108-113), relevez les verbes qui expriment la métamorphose.

«Des corps nouveaux»

12 Page 13, quels sont les points communs entre les êtres humains et les pierres?

13 À la fin de l'histoire de Daphné, que reste-t-il d'humain dans le laurier?

14 En quoi Narcisse est-il métamorphosé? Comment le savez-vous?

15 Expliquez l'origine de l'écho, du narcisse et du laurier d'après les trois métamorphoses que vous venez de lire.

16 Daphné, Écho et Narcisse vous semblent-ils avoir mérité leur sort? Pourquoi?

Rappelez-vous!

La métamorphose est un thème fréquent de la littérature antique. Elle repose souvent sur un point commun entre l'être transformé et son nouveau corps et donne une explication surnaturelle à des faits ou des phénomènes naturels dont l'origine était obscure pour les contemporains d'Ovide.

De la lecture à l'écriture

Des mots pour mieux écrire

❶ *Cherchez dans le dictionnaire le sens du mot «* narcissique *». Quel rapport la définition du mot a-t-elle avec la légende que vous avez lue ?*

❷ a. *Cherchez dans un dictionnaire l'étymologie de «* métamorphose *». Décomposez ensuite ce mot et précisez le sens du préfixe.*
b. *Complétez ces phrases à l'aide des verbes suivants, appartenant au lexique de la métamorphose (vous emploierez une fois chaque verbe) :* changer, devenir, s'allonger, se courber, métamorphoser, transformer, s'élargir.

1. Junon, furieuse d'avoir été trompée par Jupiter, _____ Callisto en ourse. Sa bouche si fine _____ en gueule repoussante. Ses ongles _____ en griffes crochues.
2. Jupiter _____ Io en génisse pour que Junon ne la voie pas.
3. Diane _____ Actéon en cerf parce qu'il l'a vue prendre son bain. Son cou _____. Ses pieds et ses bras _____ des pattes.

À vous d'écrire

❶ Imaginez que Daphné raconte elle-même son histoire. Rédigez son récit en une quinzaine de lignes.
Consigne. Votre texte sera rédigé à la première personne et comportera deux paragraphes : le premier racontera la poursuite d'Apollon et le deuxième la métamorphose.

❷ Imaginez ce que n'a pas raconté Ovide : les étapes
de la métamorphose de Narcisse en narcisse.

Consigne. Vous relirez, dans les trois premières histoires, les
passages racontant des transformations (p. 12-13, 18-19 et 22),
et emploierez le vocabulaire du corps humain, de la métamorphose
et du végétal.

❸ Imaginez une légende qui se terminera par une métamorphose
expliquant l'un des éléments naturels suivants : l'arc-en-ciel,
le tournesol, le flocon, le papillon.

Consigne. Votre récit, d'une vingtaine de lignes, sera rédigé
au passé. Vous emploierez des verbes variés pour raconter
la métamorphose et au moins deux comparaisons.

❹ En quoi aimeriez-vous être métamorphosé ? Expliquez d'abord
pourquoi et imaginez ensuite un court épisode dans lequel vous
aurez été transformé.

Consigne. Votre texte comportera deux paragraphes : dans
le premier, vous donnerez au moins trois raisons de votre choix,
dans le second, vous vous imaginerez vivant une aventure une fois
transformé.

Du texte à l'image

➡ Le Bernin, *Apollon et Daphné*, 1622-1625, marbre, Rome, Galerie Borghèse ;
assiette représentant l'histoire de Deucalion et Pyrrha, XVIᵉ siècle, faïence, Italie.
(Images reproduites en début d'ouvrage, au verso de la couverture.)

👁 Lire l'image

❶ Dans la peinture de l'assiette, repérez les indices montrant
que les êtres humains sont issus des pierres.

❷ Quels sont les détails de cette peinture qui donnent l'impression de vie et de mouvement ?

❸ Qu'est-ce qui, dans la sculpture, évoque la métamorphose ?

❹ Observez la position des bras et des jambes d'Apollon et de Daphné. Quelle impression le sculpteur a-t-il ainsi donnée ?

🖾 *Comparer le texte et l'image*

❺ Retrouvez les passages précis des deux textes illustrés respectivement par la peinture et par la sculpture.

❻ En quoi le décor de l'assiette est-il conforme à celui que vous avez imaginé en lisant « Deucalion et Pyrrha ». En quoi est-il différent ?

❼ Que semble exprimer le visage de Daphné ? Dites, en vous appuyant avec précision sur le texte, si cette expression est en accord avec ce que raconte Ovide.

✎ *À vous de créer*

❽ ✐ Trouvez une histoire des *Métamorphoses* d'Ovide qui n'est pas reproduite dans ce recueil au CDI de votre collège, dans une bibliothèque ou sur Internet et lisez-la. Créez, grâce à vos recherches, une affiche avec les œuvres d'art inspirées de cette légende. Présentez cette affiche à vos camarades en leur racontant la métamorphose.

Pyrame et Thisbé

Pyrame est le plus beau jeune homme de tout l'Orient, Thisbé la plus admirée des jeunes filles. Tous deux habitent dans la ville de Babylone[1] que la reine Sémiramis[2] a entourée d'une haute muraille. Comme leurs maisons sont
5 voisines, ils sont amis depuis l'enfance et progressivement leur amitié est devenue de l'amour. Ils souhaitent se marier mais leurs pères s'y opposent sans pouvoir cependant les empêcher de continuer à s'aimer passionnément. Ils n'ont aucun confident, ils se parlent par gestes et par signes. Et
10 plus leur amour est caché, plus il brûle avec violence au fond de leur cœur.

Le mur commun à leurs deux maisons est légèrement fissuré[3] depuis sa construction. Personne ne s'en aperçoit pendant des siècles mais que ne découvre pas l'amour ! Les
15 jeunes amoureux sont les premiers à repérer la fissure et c'est par là que passe leur voix, c'est par là qu'ils échangent en secret des mots d'amour, tout doucement murmurés. Souvent, lorsque Pyrame et Thisbé se tiennent là, de chaque côté du mur, en soupirant :

---

1. Babylone : capitale de la Mésopotamie, située au sud-est de Bagdad dans l'Irak actuelle.
2. Sémiramis : reine légendaire qui aurait fondé Babylone.
3. Fissuré : qui contient de petites fentes.

20 « Mur jaloux, pourquoi t'opposes-tu à notre amour ?
Que t'en coûterait-il de permettre à nos corps de s'unir,
ou, si c'est trop demander, de t'ouvrir assez pour que nous
échangions au moins des baisers ? Mais nous ne sommes
pas ingrats[1], c'est grâce à toi, nous le reconnaissons, que
25 nos paroles peuvent se frayer un passage jusqu'aux oreilles
de l'être aimé. »

Après avoir exprimé ces plaintes inutiles, ils se disent
adieu à l'approche de la nuit, posant chacun d'eux leurs
lèvres sur le mur pour échanger des baisers qu'ils ne peuvent
30 recevoir. À l'aube, dès que le soleil fait pâlir les astres de
la nuit et s'évaporer la rosée sur les fleurs, ils reviennent à
leur rendez-vous secret. Un jour, après avoir murmuré de
longues plaintes, Pyrame et Thisbé décident de tromper
la vigilance de leurs gardiens dans le silence de la nuit, de
35 franchir la porte de leurs maisons et de s'enfuir loin de la
ville. Pour ne pas se perdre dans la campagne, ils conviennent de se retrouver près du tombeau du roi Ninus[2] et de
se cacher à l'ombre d'un arbre. Cet arbre est un mûrier
chargé de fruits blancs comme la neige qui se dresse auprès
40 d'une fraîche fontaine. Ils sont tous deux d'accord avec
ce plan. Le jour leur paraît plus long que d'habitude mais
enfin vient la nuit.

Profitant de l'obscurité, Thisbé fait tourner adroitement
la porte sur ses gonds et sort, trompant la surveillance de
45 ses parents, le visage caché par un voile. Elle parvient au
tombeau et s'assied sous l'arbre convenu : c'est l'amour qui
lui donne de l'audace[3]. Mais voilà que s'avance une lionne

---

1. Nous ne sommes pas ingrats : nous n'oublions pas ce que nous te devons.
2. Ninus : roi légendaire de Babylone.
3. Audace : courage.

qui vient d'égorger des bœufs. La gueule encore sanglante, elle vient boire l'eau de la fontaine toute proche. La jeune

50 Babylonienne l'aperçoit à la clarté de la lune et court se réfugier dans une grotte mais, en fuyant, elle laisse tomber le voile qui couvre ses épaules. Après s'être désaltérée, la lionne farouche se prépare à regagner la forêt. Elle trouve par hasard le voile léger abandonné par Thisbé et le déchire

55 de sa gueule ensanglantée.

Pyrame, lui, est sorti plus tard de sa maison. Dès qu'il voit sur la poussière épaisse les empreintes du fauve, il pâlit et quand il découvre le voile taché de sang, il s'écrie :

«La même nuit verra mourir deux amants ! De nous deux,

60 c'est toi, Thisbé, qui méritais une longue vie ! C'est moi qui suis coupable, moi qui ai causé ta perte en te faisant venir la nuit dans ce lieu effrayant et dangereux et en n'y arrivant pas le premier ! Lions, punissez-moi de mon crime, mettez mon corps en lambeaux, déchirez-moi sous vos morsures !

65 Mais seul un lâche[1] se contente ainsi d'appeler la mort ! »

À ces mots, Pyrame prend le voile de Thisbé et l'emporte sous l'arbre où ils devaient se retrouver. Il l'arrose de ses larmes, le couvre de baisers et s'écrie :

«Reçois aussi mon sang, que ma main va répandre. »

70 Il saisit aussitôt l'épée qu'il portait à sa ceinture, la plonge dans sa poitrine, puis, déjà mourant, il l'arrache de sa blessure et tombe à terre à la renverse. Le sang jaillit à flots si bien que le mûrier prend une couleur sombre et que sa racine, baignée de sang, donne la couleur de la pourpre[2]

75 aux mûres que portent les branches.

---

1. **Lâche** : peureux, qui n'a aucun courage.
2. **Pourpre** : colorant rouge foncé issu d'un coquillage.

Cependant Thisbé ne veut pas faire attendre celui qu'elle aime et revient, tremblante encore, près de l'arbre. Ses yeux pleins d'amour cherchent le jeune homme. Elle a hâte de lui raconter les dangers auxquels elle a échappé. Elle
80 reconnaît les lieux, elle reconnaît la forme du mûrier, mais la couleur de ses fruits la fait douter : est-ce bien le même arbre ? Tandis qu'elle hésite, elle découvre avec terreur le corps qui palpite sur la terre ensanglantée. Elle recule et frissonne, pâle comme la mort, puis, très vite, elle reconnaît
85 celui qu'elle aime. Aussitôt, elle frappe de douleur ses bras qui n'y peuvent rien et s'arrache les cheveux. Elle enlace le corps chéri, pleure sur sa blessure, mêle ses larmes au sang répandu, embrasse le visage glacé et s'écrie :

« Pyrame, quel cruel hasard nous a séparés ? Pyrame,
90 réponds-moi ! C'est ta bien-aimée, Thisbé, qui t'appelle ! Entends-moi ! Redresse la tête ! »

Au nom de Thisbé, Pyrame ouvre les yeux, déjà appesantis par la mort, et voit celle qu'il aime mais il les referme aussitôt. Alors elle reconnaît le voile et aperçoit le fourreau
95 d'ivoire, vide de son épée :

« Malheureux, c'est donc ta propre main qui t'a porté le coup fatal par amour pour moi ! La mienne ne tremblera pas non plus ! Guidée par l'amour, elle aura assez de force pour m'arracher à la vie à mon tour. Je te suivrai dans la
100 mort et l'on dira que j'ai été la cause et la compagne de ton trépas[1] ! Et toi, que la mort seule, hélas, pouvait séparer de moi, tu ne pourras plus m'être arraché, même par la mort ! Ô nos malheureux parents, nous vous adressons tous deux cette ultime prière : ne refusez pas la grâce d'un

---

1. **Trépas** : mort.

105 même tombeau à nous qui avons été unis par un amour
fidèle jusque dans la mort. Et toi, arbre dont les rameaux
abriteront bientôt nos deux corps, garde les marques de
notre mort, porte à jamais des fruits de couleur sombre
en signe de deuil, tu témoigneras ainsi que deux jeunes
110 amants t'ont arrosé de leur sang. »

À ces mots, Thisbé appuie la pointe de l'épée sur sa
poitrine et se laisse tomber sur la lame encore tiède du sang
de Pyrame. Sa prière a été entendue des dieux et des deux
pères : les mûres deviennent noires en mûrissant, les cendres
115 des deux amants reposent dans une même urne[1].

[Livre IV]

---

1. **Urne** : vase qui contient les cendres des morts.

Persée et Andromède

Persée, fils de Danaé[1] et de Jupiter accomplit de nombreux exploits et survole l'univers entier emporté tantôt vers le couchant, tantôt vers le levant.

Un soir, il s'arrête enfin dans le royaume d'Atlas afin de prendre un peu de repos jusqu'au lever du jour. Le souverain de ce royaume, fils du Titan Japet, surpasse tous les hommes par sa taille gigantesque. Mille troupeaux de brebis, mille troupeaux de bœufs se déplacent dans d'immenses pâturages dont l'étendue n'est limitée par aucun voisin. Dans son verger, les arbres ont des branches, des feuilles et des fruits en or.

«Étranger, dit Persée à Atlas, si tu es sensible à la gloire d'une illustre naissance, sache que je suis le fils de Jupiter. Si tu admires les grands exploits, les miens t'émerveilleront. Je te demande l'hospitalité et le repos.»

En entendant ces mots, Atlas se souvient d'un ancien oracle que Thémis a rendu sur le Parnasse :

«Un temps viendra, Atlas, où tes arbres seront dépouillés de leur or et où un fils de Jupiter recueillera l'honneur de cet exploit.»

---

1. Danaé avait été séduite par Jupiter métamorphosé en pluie d'or.

Pour échapper à cette prédiction, Atlas repousse de ses frontières tous les étrangers et il entoure ses vergers, gardés par un énorme dragon, de hautes et solides murailles. Il répond donc aussitôt à Persée :

25 « Va-t'en d'ici ! Autrement, la gloire des exploits que tu t'attribues mensongèrement et Jupiter lui-même ne te serviront à rien. »

Aux menaces il ajoute la violence et de ses propres mains il essaie de chasser Persée qui hésite sur la conduite à tenir

30 car le héros le sait, il n'est pas assez fort pour résister à Atlas. Qui pourrait en effet égaler la force du Titan ?

« Eh bien, dit le fils de Jupiter, puisque tu fais si peu de cas de mon amitié, reçois ta récompense. »

Persée se détourne et brandit la face hideuse de Méduse[1]

35 devant les yeux d'Atlas qui aussitôt se transforme en montagne : sa barbe et ses cheveux deviennent des forêts, ses épaules et ses bras des crêtes, sa tête la cime de la montagne et ses os des rochers. Puis son corps s'étire de tous côtés, grandit de façon démesurée et devient le support du ciel

40 entier, avec tous ses astres, conformément à la volonté des dieux.

Le dieu Éole a enfermé les vents dans leur prison éternelle et l'étoile du matin, qui rappelle les hommes au travail, brille du plus vif éclat dans le ciel quand Persée reprend

45 ses ailes, les attache à ses deux pieds, suspend à sa ceinture son arme recourbée et s'envole dans les airs limpides. Il a déjà laissé loin derrière lui d'innombrables pays lorsque

---

1. Méduse : une des trois Gorgones, ces monstres ailés à la chevelure de serpents, dont le regard transformait en statue de pierre quiconque le croisait.

ses regards tombent sur l'Éthiopie, royaume de Céphée[1].
Là, Andromède subit un châtiment non mérité à cause de
50 sa mère Cassiopée qui s'est vantée d'être plus belle que
les Néréides[2]. Persée voit la jeune fille enchaînée par les
bras à de durs rochers. Il l'aurait prise pour une statue de
marbre si une brise légère n'avait pas agité ses cheveux et
si les larmes n'avaient pas coulé de ses yeux. Persée tombe
55 aussitôt amoureux d'elle et, saisi à la vue de tant de beauté,
il en oublie presque de battre les airs de ses ailes! À peine
a-t-il posé le pied par terre qu'il lui dit:

« Ô toi qui n'es pas faite pour de pareilles chaînes, mais
plutôt pour celles de l'amour, de grâce réponds-moi, révèle-
60 moi ton nom et celui de ton pays, dis-moi pourquoi tu es
chargée de fers[3]. »

Andromède garde d'abord le silence. Elle n'ose pas,
pure jeune fille, adresser la parole à un homme et elle
aurait caché son visage dans ses mains si elle n'avait pas été
65 enchaînée. Elle ne peut que pleurer et ses yeux se remplissent
de larmes. Cependant, Persée insiste. Andromède craint
alors de paraître coupable d'une faute qu'elle ne veut pas
avouer et elle lui répond. Elle lui apprend son nom, celui
de son pays, et le fol orgueil de sa mère qui a prétendu être
70 la plus belle. Alors qu'elle n'a pas encore fini de parler, la
mer fait entendre un bruit retentissant et un monstre se
dresse au-dessus des flots, si gigantesque que son poitrail[4]
semble couvrir la vaste étendue marine.

---

1. Céphée : roi d'Éthiopie, époux de Cassiopée et père d'Andromède.
2. Néréides : divinités marines d'une grande beauté.
3. Fers : chaînes en fer.
4. Poitrail : devant du corps du monstre, entre le cou et les pattes.

La jeune fille pousse un cri. Son père et sa mère accou-
rent auprès d'elle, malheureux l'un et l'autre. Ils savent
qu'ils ne peuvent pas la secourir mais ils serrent dans leurs
bras le corps enchaîné de leur fille et pleurent sur son
infortune[1]. L'étranger leur dit alors:

«Vous aurez tout le temps de pleurer plus tard mais,
pour sauver votre fille, vous n'avez qu'un instant. Si je vous
la demande en mariage, moi, Persée, fils de Jupiter et de
Danaé, moi, Persée, vainqueur de la Gorgone à la chevelure de serpents[2], moi qui, porté par des ailes légères, ai
osé traverser toute l'étendue du ciel, je suis sûr que vous
me choisirez pour gendre de préférence à tous les autres!
Mais à tant de titres de gloire, je veux, pourvu que les dieux
me favorisent, ajouter un mérite supplémentaire: la sauver
grâce à mon courage si elle m'est promise.»

Céphée et Cassiopée acceptent cette condition. Qui aurait
hésité dans une situation semblable? Ils promettent au héros
leur fille pour épouse et leur royaume pour dot[3].

Pendant ce temps, semblable à un navire rapide, le
monstre fend les eaux de son poitrail et s'approche des
rochers. Il n'en est plus qu'à un jet de fronde quand tout
à coup Persée prend appui sur ses pieds pour s'élever dans
les airs. À peine le monstre a-t-il aperçu l'ombre du héros
à la surface de la mer qu'il se jette sur elle avec fureur.
Alors le fils de Jupiter, comme un aigle, s'abat sur le dos du
monstre, et plonge son arme recourbée dans son épaule
droite. Grièvement blessé, le monstre se dresse dans les
airs de toute sa hauteur, se cache sous les eaux, ou tourne

---

1. **Infortune**: malheur.
2. **Gorgone à la chevelure de serpents**: Méduse.
3. **Dot**: biens que les parents donnaient à une jeune fille quand elle se mariait.

sur lui-même, comme un sanglier poursuivi par une meute de chiens. Persée, grâce à ses ailes, évite les morsures et frappe sans relâche sur le dos hérissé d'écailles, sur les
105 côtes, sur la queue mince comme celle d'un poisson. La bête crache les flots de la mer mêlés à ceux de son sang et en arrose les ailes de Persée qui s'alourdissent. Il s'en rend compte. Il prend alors appui sur un rocher et plonge trois ou quatre fois son épée dans les entrailles du monstre, sans
110 lui laisser aucun répit.

Des applaudissements et des cris retentissent sur le rivage et montent jusqu'aux demeures des dieux. Heureux, Cassiopée et Céphée saluent Persée comme leur gendre, le sauveur de leur maison. Délivrée de ses chaînes, Andro-
115 mède s'avance vers eux. Avant de rejoindre la jeune fille, Persée rend hommage aux dieux : il sacrifie une génisse[1] à Minerve, un veau à Mercure, un taureau à Jupiter. Puis il va la chercher et l'emmène avec lui, sans accepter la dot. On brûle des parfums à la flamme des torches, on
120 suspend des guirlandes aux maisons, les lyres, les flûtes et les chants retentissent de tous côtés. Enfin, les portes du palais s'ouvrent et laissent voir l'atrium[2] richement orné d'or et des tables magnifiquement parées pour le banquet offert par le roi.

[Livre IV]

---

1. Génisse : jeune vache.
2. Atrium : dans la civilisation latine, pièce centrale de la maison avec une ouverture dans le toit donnant sur un bassin destiné à recueillir les eaux de pluie.

Un quiz pour commencer

Cochez les bonnes réponses.

❶ *Où se déroule l'histoire de Pyrame et de Thisbé ?*
- ☐ À Argos.
- ☐ À Athènes.
- ☒ À Babylone.

❷ *Comment les amoureux parviennent-ils à communiquer ?*
- ☐ Ils se font passer des messages.
- ☒ Ils communiquent grâce à une fissure dans le mur qui sépare leurs deux maisons.
- ☐ Ils se donnent rendez-vous sur la place du marché.

❸ *Pourquoi, alors qu'elle a rendez-vous avec Pyrame, Thisbé se cache-t-elle ?*
- ☒ Parce qu'elle a peur qu'une lionne ne l'attaque.
- ☐ Parce qu'elle a peur que son père ne la voie.
- ☐ Parce qu'elle veut faire une surprise à Pyrame.

❹ Pourquoi Pyrame se donne-t-il la mort ?

◻ Parce qu'il a été découvert par son père.

☒ Parce qu'il croit que Thisbé est morte.

◻ Parce qu'il croit que Thisbé ne l'aime plus.

❺ Dans «Pyrame et Thisbé», pourquoi les mûres sont-elles rouges à la fin de l'histoire ?

◻ Parce qu'elles ont toujours été rouges.

☒ Parce qu'elles ont été rougies par le sang de Pyrame et de Thisbé.

◻ Parce qu'elles ont été rougies par la gueule ensanglantée de la lionne.

❻ En quoi Atlas est-il métamorphosé ?

◻ En bloc de glace.

◻ En voûte céleste.

☒ En montagne.

❼ Pourquoi Andromède est-elle enchaînée sur un rocher ?

☒ Parce que sa mère a défié les dieux.

◻ Parce qu'elle a défié les dieux.

◻ Parce qu'elle a voulu s'enfuir avec un jeune homme.

❽ Quel attribut permet à Persée de remporter une victoire rapide sur le monstre ?

◻ Une épée magique.

☒ Des sandales ailées.

◻ Un bouclier gigantesque.

Des questions pour aller plus loin

☞ Étudier le pouvoir de l'amour

Des héros parfaits

❶ Dans les premières lignes de «Pyrame et Thisbé», relevez les expressions qui mettent en valeur les qualités exceptionnelles des deux personnages et donnez leur nature et leur fonction.

❷ Énumérez les caractéristiques qui présentent Persée comme un être hors du commun, avant même qu'il ne délivre Andromède.

❸ Pourquoi Andromède refuse-t-elle d'abord de parler à Persée ? Pourquoi finit-elle par le faire ?

❹ Comment Persée se comporte-t-il après avoir vaincu le monstre ? Qu'en pensez-vous ?

Des scènes pittoresques

❺ Dans les pages 35-36, lignes 43-55 de «Pyrame et Thisbé», relevez tous les détails qui rendent la scène réaliste.

❻ Présentez les différentes étapes du combat entre Persée et le monstre (p. 42-43).

❼ Dans ce même passage, relevez d'une part les deux comparaisons qui concernent le monstre et d'autre part celle qui caractérise Persée et expliquez ce qu'elles permettent de montrer.

La peinture de l'amour

❽ Dans les pages 34 à 35, relevez les mots ou expressions qui appartiennent au vocabulaire amoureux.

❾ À quels détails comprend-on que Persée tombe amoureux (p. 41) ?

❿ Dans les lignes 58-61 de la page 41, le nom « chaînes » est d'abord employé au sens propre, puis au sens figuré quand Persée parle des « [chaînes] de l'amour ». Quel sens donne-t-il alors au mot « chaînes » ?

Pyrame et Thisbé ou l'amour impossible (p. 34-38)

⓫ À quelle histoire d'amour célèbre cette légende fait-elle penser ? Vous préciserez les points communs entre les deux histoires.

⓬ Quels sont les différents obstacles auxquels se heurte l'amour de Pyrame et de Thisbé ?

⓭ Quel rôle joue le voile de Thisbé dans la scène finale ?

⓮ Pourquoi peut-on dire que leur amour est plus fort que la mort ?

⓯ Selon cette histoire, pourquoi les mûres ont-elles la couleur qu'elles ont aujourd'hui ?

⓰ Pensez-vous que cette histoire se termine bien ? Expliquez pourquoi.

> *Rappelez-vous !*
> L'amour est souvent à l'origine des métamorphoses et l'œuvre d'Ovide contient de nombreuses et belles histoires de héros qui s'aiment. Mais ce sentiment, éprouvé par les hommes et les dieux, les mène souvent à leur perte.

De la lecture à l'écriture

Des mots pour mieux écrire

❶ **Complétez ce texte à l'aide des mots qui conviennent.**
Tous appartiennent au lexique de l'amour et de la passion:
ardent, épris, cœur, bien-aimée, embraser, coup de foudre.

Quand l'_____ Jupiter a vu la belle Io, ce fut le _____.
Il s'est _____ de la jeune fille et son _____ s'est
immédiatement _____. Pour éviter la colère de Junon, il a
métamorphosé sa _____ en génisse.

❷ **Persée est un héros qui a affronté beaucoup de divinités,**
comme Atlas et Méduse.
a. Cherchez dans un dictionnaire tous les sens d'« atlas **» et**
d'« Atlas **». Amusez-vous à employer ces deux mots dans la**
même phrase.
b. Cherchez le sens du nom « méduse **» et trouvez ensuite un**
mot de la même famille. Vous l'emploierez dans une phrase
qui en fera bien ressortir le sens.

À vous d'écrire

❶ Imaginez qu'un dieu vous offre un pouvoir magique comme
l'invisibilité, le pouvoir de voler ou de pétrifier quiconque vous
regarde. Racontez l'exploit que vous pourriez accomplir grâce
à ce pouvoir.

Consigne. Vous êtes libre d'inventer le pouvoir que vous souhaitez.
Pour raconter votre exploit, utilisez au moins deux comparaisons
et une métaphore.

❷ Andromède écrit à sa grand-mère pour lui raconter son aventure. Imaginez sa lettre.

Consigne. Vous respecterez la présentation d'une lettre. Vous utiliserez le vocabulaire de l'amour quand Andromède exprime ses sentiments.

❸ Transformez l'épisode de Pyrame et de Thisbé qui se déroule près du tombeau de Ninus (p. 36-38) en scène de théâtre.

Consigne. Vous respecterez les codes du genre théâtral.

Du texte à l'image

➡ Joachim Wtewael, *Persée secourant Andromède*, 1611, huile sur toile, Paris, musée du Louvre.
(Image reproduite en fin d'ouvrage, au verso de la couverture.)

👁 *Lire l'image*

❶ Repérez les quatre plans de la peinture (premier, deuxième, troisième plans et arrière-plan) et proposez une légende pour chacun d'eux.

❷ Décrivez Andromède et Persée. Où sont-ils placés dans le tableau ? Que regarde chacun d'eux ?

❸ Quels objets se trouvent aux pieds d'Andromède ? Pourquoi les trouve-t-on sur ce tableau à votre avis ?

❹ Que représente le décor dans lequel se déroule la scène selon vous ?

Comparer le texte et l'image

5 Relisez les pages 41 à 43 puis, dans un tableau à deux colonnes, dressez la liste des ressemblances et des différences entre la peinture et le texte d'Ovide.

6 Décrivez le monstre peint sur le tableau. Comment l'auriez-vous représenté vous-même si on vous avait demandé de le dessiner après avoir lu le récit d'Ovide ?

À vous de créer

7 À votre tour et à l'aide du matériel que vous souhaitez, créez le monstre effrayant qui sera représenté sur l'affiche du prochain film mettant en scène les exploits de Persée.

Pallas[1] et Arachné

Pallas songe à la perte d'Arachné qui, lui a-t-on dit, prétend l'égaler dans l'art de tisser la laine[2].

Arachné n'est célèbre dans les villes de Lydie[3] ni par son rang ni par ses origines mais par son art. Son père gagne
5 sa vie en teignant la laine, sa mère, qui est morte, était d'une famille très modeste. Pour contempler ses travaux admirables, les nymphes désertent souvent leurs vignobles ou leurs rivières. C'est un plaisir non seulement de voir ses ouvrages terminés, mais aussi de la voir tisser, tant elle est
10 habile. Quoi qu'elle fasse, on voit en elle l'élève de Pallas. Mais elle le nie et, offensée qu'on la croie formée par une maîtresse, pourtant divine, elle s'exclame :

« Qu'elle rivalise avec moi ! Si je suis vaincue, je me soumets à tout. »

15 Furieuse, Pallas prend l'aspect d'une vieille femme : elle couvre sa tête de faux cheveux blancs, s'appuie sur un bâton et s'adresse ainsi à Arachné :

---

1. **Pallas** : Minerve.
2. Tisser la laine était l'occupation principale des femmes dans la Grèce antique, car elles fabriquaient les tissus servant à faire les vêtements.
3. **Lydie** : royaume d'Asie Mineure, dans l'actuelle Turquie.

« La vieillesse n'a pas seulement pour lot des maux haïssables ; les années permettent aussi d'avoir de l'expérience.
20 Écoute mon conseil : tu peux avoir l'ambition d'être la plus habile des mortelles à façonner la laine mais ne prétends pas égaler une déesse ! Téméraire[1], implore d'une voix suppliante le pardon de Pallas, elle te l'accordera. »

Arachné jette sur la vieille femme des regards furieux.
25 Elle abandonne l'ouvrage commencé, retient avec peine sa main et réplique à la déesse qu'elle ne reconnaît pas :

« Tu n'as plus toute ta raison, ta vieillesse t'accable ! Quel malheur pour toi d'avoir vécu si longtemps ! Si tu as une belle-fille ou une fille, garde pour elles tes discours. Je suis
30 assez sage pour me conseiller moi-même. Ne crois pas que tes paroles aient eu le moindre effet sur moi ! Je n'ai pas changé d'avis ! Pourquoi Pallas ne vient-elle pas elle-même ? Pourquoi ne relève-t-elle pas le défi ?

– Elle est là », dit alors la déesse.

35 Et, quittant son apparence de vieille femme, elle se dévoile dans toute sa divinité. Les nymphes et les femmes de Lydie lui rendent alors hommage. Seule Arachné ne se trouble pas : à peine rougit-elle un instant mais cette rougeur subite s'évanouit très vite. Elle persiste dans son
40 entreprise : poussée par sa folle ambition, elle ne sait pas qu'elle court à sa perte. La fille de Jupiter ne recule pas, elle ne lui donne plus aucun conseil et s'engage sans plus tarder dans la lutte.

Aussitôt Pallas et Arachné préparent leur métier à tisser,
45 chacune de leur côté. Toutes deux se hâtent ; elles agitent leurs bras habiles en oubliant leur fatigue. Elles emploient,

---

1. Téméraire : imprudente.

pour leurs tissus, la pourpre de Tyr[1] et diverses couleurs aux nuances aussi légères que celles de l'arc-en-ciel. L'or s'entrelace aux fils, leur tissage représente des histoires
50 des temps anciens.

Pallas représente les douze dieux du ciel, assis sur de grands trônes autour de Jupiter. Chacun d'eux est reconnaissable à son signe distinctif : Jupiter en roi, Neptune, le dieu des mers avec son trident… Pallas se représente elle-même
55 avec un bouclier, une lance à la pointe acérée, un casque et l'égide[2] qui protège sa poitrine. Et, pour que sa rivale comprenne de quel prix elle peut payer son audace[3], elle dessine bien d'autres scènes encore et borde son ouvrage de rameaux d'olivier, emblème de la paix. Elle termine
60 ainsi son ouvrage par l'arbre qui lui est consacré.

De son côté, Arachné dessine Europe[4] abusée par l'image d'un taureau. On croirait voir un vrai taureau, une vraie mer. Europe semble tourner ses regards vers la terre qu'elle a quittée et appeler ses compagnes et, pour ne pas être
65 touchée par les vagues qui l'assaillent, elle relève les pieds. Arachné se délecte à représenter les amours des dieux : Jupiter, Neptune, Apollon… À tous les personnages, à tous les lieux, elle donne l'aspect approprié et, pour parachever sa tapisserie, elle l'orne d'une fine bordure où s'entrela-
70 cent des fleurs et des rameaux de lierre. Personne, pas même Pallas elle-même ne peut trouver quoi que ce soit à reprendre dans cet ouvrage.

---

1. Tyr : port de Phénicie, l'actuel Liban, qui faisait commerce du coquillage dont est issue la pourpre, un colorant rouge foncé.
2. Égide : bouclier fait d'une peau de chèvre.
3. Audace : insolence.
4. Europe : princesse phénicienne aimée de Jupiter, qui se métamorphosa en taureau pour la séduire et l'enleva sous cette forme.

La fille de Jupiter, Minerve aux blonds cheveux, est irritée d'un tel succès et déchire l'étoffe colorée qui représente les fautes des dieux. Elle tient encore sa navette[1] à la main et, trois ou quatre fois, elle en frappe le front d'Arachné. L'infortunée ne peut supporter cet affront et, désespérée, elle se noue un lacet autour de la gorge pour se pendre. Pallas, prise de pitié, adoucit son destin et lui dit :

« Vis donc, mais reste suspendue, misérable ! Et ne compte pas sur un avenir meilleur ! Je veux que le même châtiment frappe toute ta race jusqu'à tes descendants les plus lointains. »

En s'éloignant, Pallas répand sur Arachné les sucs[2] d'une herbe dont la magicienne Hécate[3] a le secret. Aussitôt touchés par ce poison funeste, ses cheveux tombent, et avec eux son nez et ses oreilles. Sa tête rapetisse, tout son corps se réduit. De maigres doigts, qui lui tiennent lieu de jambes, s'attachent à ses flancs. Tout le reste n'est plus qu'un ventre, mais elle en tire encore du fil. Devenue araignée, Arachné s'applique toujours à tisser sa toile.

[Livre VI]

---

1. Navette : bobine allongée que l'on passe et repasse entre les fils quand on tisse.
2. Sucs : liquides qui sont à l'intérieur des herbes.
3. Hécate : divinité présidant à la magie et aux enchantements.

Niobé

La nouvelle de cette métamorphose[1] se répand et l'on ne parle plus que de cet événement de par le monde. Niobé a connu Arachné quand elle était jeune fille mais le châtiment qu'a subi la brodeuse ne lui a pas servi de leçon, ne
5 lui a pas appris à céder aux dieux ni à tenir des propos plus mesurés. Tout concourt à son orgueil : les talents de son époux, leur noble origine, leur grand royaume mais rien ne la rend plus fière que ses enfants. On aurait pu dire de Niobé qu'elle était la plus heureuse des mères, si elle n'en
10 avait pas été si convaincue elle-même.

Un jour la fille du devin Tirésias, Manto, poussée par une inspiration divine, parcourt les rues de Thèbes[2] en proclamant :

« Femmes, mêlez des feuilles de laurier à vos cheveux
15 tressés et allez offrir à Latone[3] et à ses deux enfants de l'encens et de pieuses prières ! C'est Latone qui vous l'ordonne par ma bouche. »

---

1. La nouvelle de la métamorphose d'Arachné en araignée.
2. **Thèbes** : cité de Béotie.
3. **Latone** : mère d'Apollon et de Diane.

Toutes les Thébaines obéissent. Elles ornent leurs têtes du feuillage prescrit, font brûler de l'encens sur les autels 20 et font entendre leurs prières.

Cependant Niobé s'avance au milieu du cortège, vêtue d'une robe magnifique brodée d'or. Belle malgré sa colère, elle agite d'un mouvement de tête majestueux ses cheveux qui flottent sur ses épaules. Elle s'arrête et jette autour 25 d'elle des regards hautains[1] en s'écriant :

« Quelle est cette folie de préférer des dieux dont vous entendez parler à ceux que vous voyez ? Pourquoi des autels destinés au culte de Latone, alors que l'encens ne brûle pas pour moi ? Moi, la fille de Tantale[2] qui a été admis à la table 30 des dieux ! Moi dont la mère est une sœur des Pléiades[3] ! Moi, la petite-fille du grand Atlas qui porte la voûte du ciel sur ses épaules et la petite-fille de Jupiter qui est aussi mon beau-père[4] ! Je règne, toute-puissante, dans le palais de Cadmus[5] dont les murs se sont érigés d'eux-mêmes aux 35 sons de la lyre de mon époux. Dans ma demeure s'entassent d'immenses richesses et ma beauté est celle d'une déesse. Ajoutez à tout cela sept filles et sept fils et, bientôt, autant de gendres et de belles-filles. Voyez sur quels titres de gloire est fondé mon orgueil ! Et vous osez me préférer la fille de 40 je ne sais quel Titan, une certaine Latone, qui, sur le point d'accoucher, n'a pu obtenir le moindre asile sur la vaste terre ! Ni le ciel, ni la terre, ni les eaux n'ont voulu recevoir votre déesse ! Et c'est finalement la petite île de Délos qui, prenant pitié d'elle, a accordé un refuge à la vagabonde.

---

1. **Hautains** : méprisants.
2. **Tantale** : fils de Jupiter, roi extrêmement riche, admis dans les festins des dieux.
3. **Pléiades** : les sept filles d'Atlas.
4. Amphion, le mari de Niobé, était le fils de Jupiter.
5. **Cadmus** : roi légendaire qui fonda Thèbes.

45 Elle a donné naissance à deux enfants. J'en ai sept fois plus!
Je suis heureuse, qui pourrait le nier? Je resterai heureuse,
qui pourrait en douter? L'abondance de mes richesses
assure ma sécurité. Ma grandeur est parvenue à un point
tel que je n'ai plus rien à craindre. Et supposez que je perde
50 quelques-uns de mes enfants, j'en garderai plus que n'en
a Latone! N'achevez pas ce sacrifice, enlevez les lauriers
qui ornent vos chevelures et éloignez-vous!»

Les Thébaines enlèvent le laurier de leur chevelure et
laissent le sacrifice inachevé tout en murmurant cependant
55 à voix basse leurs prières à la divinité.

Indignée, la déesse Latone adresse ces paroles à ses
deux enfants:

«Moi, votre mère, si fière de vous avoir donné le jour,
moi qui ne le céderais qu'à Junon entre toutes les déesses,
60 je vois mettre en doute ma divinité! Ô mes enfants, venez à
mon secours pour qu'on ne me chasse pas des autels où j'ai
été adorée depuis tant de siècles! Mais ce n'est pas là ma
seule douleur: Niobé, la fille de Tantale, a ajouté l'insulte
à son acte impie[1]! Elle a osé vous rabaisser au-dessous de
65 sa progéniture[2]! Elle s'est montrée aussi sacrilège[3] que
son père!»

Latone allait continuer quand son fils, Apollon,
l'interrompt:

«Arrête! Une plainte plus longue retarderait le
70 châtiment!»

---

1. Impie : qui ne respecte pas les dieux.
2. Progéniture : enfants.
3. Sacrilège : impie.

Sa fille, Diane, tient le même langage et tous deux s'élancent rapidement à travers les airs, et, cachés par un nuage, ils descendent vers Thèbes, la citadelle de Cadmus.

Près des remparts s'étend une vaste plaine dans laquelle
75 s'exercent souvent les chevaux. Là, quelques-uns des sept fils d'Amphion et Niobé pressent les flancs de vigoureux coursiers[1] couverts de la pourpre de Tyr et les dirigent avec des rênes lourdes d'or. Ismène, l'aîné, fait tourner son cheval sur la piste circulaire quand il s'écrie soudain :
80 « Hélas ! c'en est fait de moi ! »

Une flèche vient de le frapper en pleine poitrine. Sa main lâche les rênes, il glisse lentement sur l'épaule droite de sa monture et tombe à terre, mort. Son frère Sipyle a entendu siffler la flèche. Il fuit en lançant son coursier au
85 grand galop mais en vain : une autre flèche transperce sa gorge. Penché en avant, il roule sur l'encolure de son cheval et tombe, souillant la terre de son sang encore chaud. Plus loin, Phédime et Tantale, qui porte le nom de son grand-père, s'exercent à la lutte, corps à corps, lorsqu'une nouvelle
90 flèche les transperce tous deux. Ainsi liés l'un à l'autre, ils gémissent ensemble, s'effondrent à terre et rendent leur dernier soupir. À cette vue, Alphénor se déchire la poitrine de douleur. Il accourt pour accomplir son pieux devoir de frère mais une flèche lancée par Apollon lui transperce le
95 cœur de part en part. Le jeune homme arrache le fer[2] mais une partie de ses poumons vient avec la pointe. Il perd son sang et la vie. Quant à Damasichthon aux longs cheveux, il est d'abord frappé au genou puis, tandis qu'il s'efforce de

---

1. Coursiers : chevaux.
2. Fer : pointe en fer de la flèche.

retirer la flèche, un nouveau trait l'atteint mortellement à
100 la gorge. Son sang coule à flots. Le plus jeune frère, Ilionée,
lève les bras et adresse au ciel cette prière :

« Ô dieux, vous tous tant que vous êtes, dit-il en ignorant
qu'il ne fallait pas les implorer tous[1], épargnez-moi. »

Apollon, l'archer divin, est ému mais sa flèche est déjà
105 partie. Elle ne pénètre pas profondément dans le cœur de
l'enfant mais le coup est fatal. Il tombe, mort.

Très vite la rumeur, la douleur du peuple, les larmes de
ses proches apprennent à la mère cette catastrophe subite.
Elle est indignée devant l'audace et le pouvoir des dieux.
110 Amphion, son époux, s'est déjà plongé un poignard dans
le cœur, mettant fin ainsi à sa vie et à sa douleur. Hélas !
combien Niobé est maintenant différente de celle qui,
hier, écartait le peuple des autels de Latone et s'avançait
la tête haute à travers la ville ! Tout le monde l'enviait alors ;
115 aujourd'hui elle fait pitié même à ses ennemis. Penchée
sur les corps glacés de ses fils, elle leur donne à tous ses
derniers baisers puis elle s'en détache et tend ses bras livides
vers le ciel en s'écriant :

« Repais-toi[2] de ma douleur, cruelle Latone ! Rassasie
120 ton cœur barbare de mes larmes ! Je meurs de sept morts.
Réjouis-toi de ta victoire, ô mon ennemie, triomphe ! Mais
où est ta victoire ? Dans mon malheur je suis encore plus
riche que toi dans ton bonheur ; même après tant de pertes,
la victoire me revient. »

125 À peine a-t-elle prononcé ces mots que l'on entend
résonner la corde d'un arc tendu. Niobé est la seule à ne

---

1. Il ignorait qu'il fallait seulement implorer Apollon.
2. Repais-toi : rassasie-toi, sois satisfaite.

pas trembler car le malheur accroît son audace. Devant les lits funèbres de leurs sept frères se tiennent les sept sœurs vêtues de noir, les cheveux épars. L'une d'elles veut retirer
130 la flèche qui l'a transpercée mais elle s'affaisse mourante, le visage incliné sur son frère. Celle qui s'efforçait de consoler sa malheureuse mère perd soudain la parole et tombe pliée en deux par le coup qui l'atteint. Celle qui cherchait à fuir s'effondre à terre. Une autre expire[1] sur le corps de
135 sa sœur ; une autre encore se cache, en vain ; une autre encore s'agite toute tremblante, en vain. Six sont mortes. Il n'en reste qu'une. Sa mère la couvre de son corps, la protège de ses vêtements et s'écrie :

« Laisse-m'en une, crie-t-elle, une seule, la plus petite
140 de toutes, rien qu'une ! »

Mais tandis qu'elle prie ainsi, la dernière enfant pour qui elle prie n'est déjà plus. Niobé a perdu toute sa famille, ses fils, ses filles et son époux. Elle tombe assise entre leurs corps inanimés, figée par la souffrance. Le vent n'agite
145 plus ses cheveux, le sang ne colore plus son visage, ses yeux sont fixes, ses traits pétrifiés. Sa langue même se glace à l'intérieur de son palais ; tout mouvement s'arrête dans ses veines. Son cou devient raide, ses bras ne peuvent plus faire un geste, ses pieds ne peuvent plus avancer, elle n'est
150 plus que pierre jusqu'au plus profond d'elle-même. Elle pleure pourtant. Un tourbillon de vent l'enveloppe et l'emporte dans sa patrie, la Lydie. Là, fixé sur le sommet d'une montagne, ce bloc de marbre aujourd'hui encore verse des larmes.

[Livre VI]

---

1. **Expire** : meurt.

Dédale et Icare

Dédale est las de son long exil[1] en Crète et sent naître le désir de revoir Athènes, sa patrie, mais la mer le retient captif dans l'île.

« Minos[2], se dit-il un jour, peut bien me fermer la voie
5 de la terre et des eaux, celle des airs m'est ouverte ! C'est par là que je passerai ! Quand bien même Minos serait le maître de toutes choses, il n'est pas le maître de l'air. »

Dédale s'applique alors à un art inconnu et cherche à soumettre la nature à de nouvelles lois. Il dispose des
10 plumes côte à côte en les rangeant de la plus petite à la plus longue. Il les attache ensuite avec du lin au milieu, de la cire en bas et donne à l'ensemble la courbure des ailes d'oiseaux.

Le jeune Icare joue à côté de son père et retarde son
15 travail merveilleux, ignorant qu'il manie les instruments de sa perte : le visage souriant, tantôt il saisit au vol les plumes qu'emporte la brise vagabonde, tantôt il amollit la cire blonde sous son pouce. Quand l'artisan a mis la dernière touche à son ouvrage, il équilibre les deux ailes sur

---

1. **Dédale est las de son long exil** : il ne supporte plus son exil.
2. **Minos** : roi de Crète.

20 son dos, les agite et reste en suspens dans l'air. Il suspend également des ailes aux épaules de son fils et lui donne des instructions :

« Icare, lui dit-il, je te conseille de te tenir à mi-hauteur dans le ciel : si tu descends trop bas, l'eau alourdira tes ailes ;
25 si tu montes trop haut, la chaleur du soleil les brûlera. Vole entre les deux. Ne cherche pas à te repérer aux constellations[1], suis-moi, prends-moi pour seul guide. »

Pendant que Dédale prépare son fils et lui enseigne l'art de voler, ses joues se mouillent de larmes, un tremblement
30 agite ses mains. Il embrasse son fils, pour la dernière fois sans le savoir, puis, d'un coup d'aile, prend son vol. Il est inquiet pour son enfant, comme l'oiseau qui fait sortir sa couvée[2] de son nid. Il encourage Icare à le suivre, il lui montre ce qu'il doit faire et, tout en agitant ses propres ailes, il ne
35 cesse de regarder derrière lui celles de son fils.

Un pêcheur occupé à fixer des appâts au bout de sa ligne, un berger appuyé sur son bâton, un laboureur sur le manche de sa charrue les regardent passer, stupéfaits : ils prennent ces hommes capables de voler pour des dieux.

40 Dédale et Icare ont dépassé Délos et Paros et aperçoivent Samos, l'île préférée de Junon, sur leur gauche et, sur leur droite, Lébinthos et Calymné[3] fertile en miel. C'est alors que l'enfant, enivré par le plaisir de voler, abandonne son guide. Cédant à l'attrait du ciel, il monte plus haut,
45 toujours plus haut et arrive au voisinage du soleil. La chaleur ramollit la cire odorante qui fixe ses plumes et la fait

---

1. Constellations : groupes d'étoiles.
2. Sa couvée : ses petits.
3. Samos, Lébinthos et Calymné : îles grecques de la mer Égée, au large de la Turquie.

fondre. Icare agite ses bras privés des ailes qui lui servaient à naviguer dans l'espace, il n'a plus de prise sur l'air. Il crie le nom de son père mais la mer l'engloutit déjà dans ses flots. Le malheureux père, qui dès lors n'est plus père, appelle son fils :

« Icare, Icare, où es-tu ? où dois-je te chercher ? »

Il crie encore et encore « Icare ! » jusqu'à ce qu'il aperçoive des plumes sur les eaux. Dédale maudit son art et dresse un tombeau pour le corps de son fils. La terre où Icare a été enseveli a gardé son nom[1].

[Livre VIII]

---

1. Il s'agit de la mer icarienne et de l'île d'Icarie dans la mer Égée.

Philémon et Baucis

Le fils d'Ixion[1], plein d'orgueil, doute de la toute-puissance des dieux et s'exclame :

« Ces récits de métamorphoses ne sont que des fables ! On attribue trop de puissance aux dieux, si on croit qu'ils
5 ont le pouvoir de faire passer les êtres et les choses d'une forme à l'autre. »

Tous ceux qui l'entendent sont frappés de stupeur et désapprouvent de tels propos, surtout Lélex, dont l'âge a renforcé la sagesse :

10 « La puissance du ciel, dit-il, est sans limites. Voici une histoire qui mettra fin à tes doutes. Il y a sur les collines de Phrygie[2], à côté d'un tilleul, un chêne entouré d'un petit mur. Je connais cet endroit, j'y suis allé moi-même. Non loin de là se trouve un étang qui a été autrefois une terre
15 habitable. Un jour, Jupiter arrive en ce lieu, accompagné de son fils, Mercure, le dieu qui porte le caducée[3]. Tous deux se présentent sous les traits de mortels. Dans mille maisons,

---

1. Ixion : roi des Lapithes, peuple du nord de la Grèce, puni par Jupiter pour ses nombreuses impiétés et condamné à être attaché à une roue enflammée tournant sans cesse.
2. Phrygie : région du nord-ouest de l'Asie Mineure, actuellement située en Turquie.
3. Caducée : attribut de Mercure, bâton du messager.

ils demandent l'hospitalité ; dans mille maisons on ferme les verrous. Une seule les accueille bien qu'elle soit petite
20 et couverte de chaumes et de roseaux. Dans cette cabane vivent une femme pieuse, la vieille Baucis, et Philémon, du même âge qu'elle. Ils se sont unis quand ils étaient jeunes dans cette cabane et c'est dans cette cabane qu'ils ont vieilli. Ils ont rendu leur pauvreté légère en l'avouant
25 et en la supportant sans amertume[1]. Inutile de chercher dans cette maison des maîtres et des serviteurs : ils sont seuls tous les deux et à eux deux exécutent les ordres et les donnent.

Dès que Jupiter et Mercure entrent dans ce modeste
30 logis, après en avoir franchi la petite porte en baissant la tête, le vieillard les invite à se reposer. Il leur offre un siège que Baucis, attentionnée, a recouvert d'une étoffe grossière. Puis elle écarte les cendres encore tièdes du foyer[2], ranime les braises de la veille en les alimentant de feuilles
35 et d'écorces sèches et, de son souffle affaibli par l'âge, en fait jaillir la flamme. Elle apporte ensuite du bois fendu et des rameaux bien secs, les brise en menus morceaux et les met sous un petit chaudron de bronze. Elle épluche les légumes que son mari est allé chercher dans le jar-
40 din et, avec une fourche à deux dents, elle détache d'une poutre noircie de la viande de porc fumée dans laquelle elle taille une tranche mince qu'elle plonge dans l'eau bouillante pour l'attendrir. En même temps, Philémon et Baucis parlent avec leurs hôtes[3] pour qu'ils ne s'ennuient

---

1. **Amertume** : déception et tristesse, mêlées à de la rancune.
2. **Foyer** : feu qui sert à préparer les repas.
3. **Hôtes** : personnes que l'on reçoit chez soi.

45 pas en attendant le repas. Ils remplissent d'eau tiède un baquet[1] de hêtre pour que les voyageurs puissent y laver et y réchauffer leurs pieds. Ils secouent le matelas de leur lit, dont le cadre et les pieds sont en saule, et le recouvrent d'un vieux tapis sans valeur mais réservé aux jours de fête.
50 Les dieux s'étendent sur cette modeste couche.

La vieille femme retrousse alors ses manches. Tremblante, elle place une table devant ses hôtes : elle est bancale mais elle la cale avec un tesson[2] de cruche puis elle l'essuie avec des feuilles de menthe. Elle sert alors dans des plats de terre
55 des olives, des cornouilles[3] d'automne conservées dans de la saumure[4] liquide, des endives, du fromage frais, des œufs cuits sous la cendre tiède. Elle apporte un cratère[5] de terre et des coupes taillées dans du hêtre. Bientôt arrivent les mets chauds. On emporte le vin, qui n'est pas très vieux,
60 afin de faire place au second service. Alors paraissent des noix, des figues et des dattes ridées, des prunes, des pommes parfumées placées dans de larges corbeilles, du raisin cueilli sur une vigne aux feuilles couleur de pourpre et, au milieu, un blanc rayon de miel. Mais tout cela n'est rien
65 comparé aux visages bienveillants et à l'accueil chaleureux qui fait oublier la pauvreté.

Cependant les deux époux s'aperçoivent que le cratère bien souvent vidé se remplit tout seul. Ce prodige[6] les frappe d'étonnement et de crainte. Les mains levées vers

---

1. Baquet : petite cuve de bois.
2. Tesson : morceau d'un objet en terre cuite cassé.
3. Cornouilles : fruits du cornouiller, petit arbre commun des forêts.
4. Saumure : liquide salé dans lequel on conserve certains aliments.
5. Cratère : grand vase à deux anses et à large ouverture dans lequel on mélangeait l'eau et le vin. En effet, dans l'Antiquité, on ne buvait pas le vin pur.
6. Prodige : phénomène surnaturel.

70 le ciel, Baucis et Philémon inquiets récitent des prières. Ils s'excusent de ce maigre repas. Il leur reste une oie, une seule, gardienne de leur humble cabane[1] qu'ils s'apprêtent à offrir à leurs hôtes. Mais ils sont âgés et c'est en vain qu'ils essaient d'attraper l'oiseau aux ailes rapides qui finit

75 par se réfugier au pied de Jupiter et Mercure. Les dieux défendent aux vieillards de tuer le volatile :

"Oui, disent-ils, nous sommes des dieux. Vos voisins subiront le châtiment que mérite leur impiété mais vous, vous serez épargnés. Quittez votre maison et accompagnez-

80 nous au sommet de la montagne." Tous deux obéissent et, appuyés sur des bâtons, ils gravissent avec effort la pente escarpée.

Quand ils ne sont plus qu'à une portée de flèche du sommet, ils se retournent et voient qu'un étang a tout

85 englouti sauf leur maison. Tandis qu'ils s'étonnent de ce prodige et déplorent[2] le sort de leurs voisins, leur chaumière[3], trop petite même pour eux deux, se transforme en un temple. Des colonnes remplacent les poteaux de bois, le chaume jaunit devient un toit doré, des dalles de

90 marbre couvrent le sol.

Alors Jupiter, le fils de Saturne, leur dit avec bonté :

"Vieillard qui aime la justice, et toi, digne épouse d'un homme juste, dites-moi ce que vous souhaitez." Après s'être entretenu un instant avec Baucis, Philémon fait connaître

95 aux dieux leur souhait commun : "Être vos prêtres et les gardiens de votre temple, voilà ce que nous demandons et, puisque nous avons passé notre vie dans une parfaite

---

1. Les oies servaient à l'époque de chiens de garde.
2. Déplorent : plaignent.
3. Chaumière : maison simple et pauvre au toit de paille (chaume).

union, que la mort nous emporte tous les deux en même temps ! Que jamais je ne voie le bûcher de mon épouse,
100 que je ne sois pas mis au tombeau par elle !"

Leurs vœux ont été exaucés. Ils ont gardé le temple jusqu'à leur dernier souffle. Un jour que, brisés par l'âge, ils sont assis sur les marches et racontent l'histoire de ce lieu, Baucis voit Philémon se couvrir de feuilles et le vieux
105 Philémon voit des feuilles recouvrir Baucis. La cime d'un arbre s'élève au-dessus de chacune de leur tête. Tant qu'ils le peuvent, ils continuent à se parler : "Adieu, mon époux ! Adieu, mon épouse !" disent-ils en même temps et, en même temps, leurs bouches disparaissent sous les tiges qui les
110 enveloppent.

Aujourd'hui encore les habitants de la région montrent les deux troncs qui sont nés de leurs corps côte à côte.

Voilà ce que m'ont raconté des vieillards dignes de foi qui n'avaient aucune raison de me tromper. Et j'ai vu moi-
115 même des guirlandes suspendues aux branches en leur honneur et j'en ai offert de fraîches, en disant :

"Que les mortels aimés des dieux soient des dieux eux-mêmes. À ceux qui sont pieux, rendons nos pieux hommages." »

[Livre VIII]

Un quiz pour commencer

Cochez les bonnes réponses.

❶ *Sous quelle apparence Minerve se présente-t-elle pour la première fois devant Arachné ?*

◻ Dans toute sa splendeur divine.

◻ Sous la forme d'une araignée.

☒ Sous les traits d'une vieille femme.

❷ *En quoi Arachné est-elle métamorphosée ?*

◻ En génisse.

◻ En cochon.

☒ En araignée.

❸ *Pourquoi Niobé se vante-t-elle d'être supérieure à la déesse Latone ?*

☒ Parce qu'elle a plus d'enfants qu'elle.

◻ Parce qu'elle est plus riche qu'elle.

◻ Parce qu'elle est plus belle qu'elle.

❹ *Comment meurent les sept filles de Niobé ?*

☐ Assassinées par leurs frères.

☐ Empoisonnées par Hécate.

☑ Tuées par les flèches de Diane.

❺ *Pourquoi Dédale fabrique-t-il des ailes ?*

☑ Pour s'enfuir de Crète.

☐ Pour découvrir le monde.

☐ Pour offrir un cadeau à son fils.

❻ *Qu'est-ce qui cause la mort d'Icare ?*

☐ Le fait d'avoir volé trop près de l'eau.

☑ Le fait d'avoir volé trop près du soleil.

☐ Le fait d'avoir volé trop vite.

❼ *Qui sont les hôtes de Philémon et Baucis ?*

☐ Minerve et Mercure.

☐ Jupiter et Junon.

☑ Mercure et Jupiter.

❽ *Pourquoi Philémon et Baucis sont-ils épargnés par les dieux ?*

☐ Parce qu'ils sont plus puissants que les autres hommes.

☑ Parce qu'ils ont offert l'hospitalité aux dieux.

☐ Parce qu'ils ont réussi à s'enfuir.

❾ *En quoi Philémon et Baucis sont-ils métamorphosés à leur mort ?*

☐ En temple.

☐ En poissons.

☑ En arbres.

Des questions pour aller plus loin

☛ Analyser le rôle des dieux dans *Les Métamorphoses*

La rivalité entre les hommes et les dieux

❶ Avec quelles déesses Arachné et Niobé rivalisent-elles respectivement ? Dans quels domaines ?

❷ Quel personnage le groupe nominal « la fille de Jupiter » (p. 54, l. 73) désigne-t-il ? Comment s'appelle le procédé qui consiste à remplacer un nom par un groupe nominal qui décrit l'une de ses caractéristiques ?

❸ Dans les pages 55 à 57, relevez les mots qui appartiennent au lexique de l'orgueil.

❹ Montrez, en vous appuyant sur le discours de Niobé (p. 56-57, l. 26 à 52), que celle-ci se prend pour une déesse.

❺ Comment les autres hommes réagissent-ils quand ils voient Dédale et Icare voler ?

❻ Comment Philémon et Baucis se comportent-ils face aux deux hommes qui leur demandent l'hospitalité ? Justifiez votre réponse en citant le texte.

Prodiges et avertissements divins

❼ Quels sont les éléments surnaturels qui surviennent dans l'histoire d'Arachné ?

❽ Relevez les avertissements que Minerve adresse à Arachné quand elle est transformée en vieille femme.

❾ En quoi peut-on dire que la façon dont Minerve représente les dieux sur sa tapisserie est aussi un avertissement adressé à Arachné ?

❿ Quels prodiges les dieux réalisent-ils dans l'histoire de Philémon et de Baucis ?

Des êtres humains aveuglés par leur démesure

⓫ Comment Arachné réagit-elle après les différents avertissements de la déesse ?

⓬ Niobé arrive-t-elle à tirer les leçons de ce qui lui arrive ? Justifiez votre réponse.

Punitions et récompenses divines

⓭ Qui, selon vous, a tissé la plus belle toile, Arachné ou Minerve ? Relevez les expressions du texte qui vous ont permis de répondre.

⓮ Comment comprenez-vous la réaction de Minerve (p. 54, l. 72-76) ? Qu'en pensez-vous ?

⓯ Comment Arachné et Niobé sont-elles punies ?

⓰ De quoi, selon vous, Dédale est-il puni ?

⓱ Pourquoi et comment Philémon et Baucis sont-ils récompensés ?

⓲ Pensez-vous qu'Arachné, Niobé et Icare aient mérité leur châtiment ? Justifiez votre réponse.

Rappelez-vous !

Dans l'univers merveilleux des *Métamorphoses*, les dieux interviennent parmi les hommes et transforment leur corps ou leur vie, soit pour les punir de leur orgueil et de leur démesure quand ils prétendent être leurs égaux, soit pour les récompenser de leur piété et alléger leur malheur.

De la lecture à l'écriture

Des mots pour mieux écrire

❶ *Aidez-vous de votre lecture pour expliquer les mots ou expressions suivants puis employez-les dans une phrase qui en fera clairement ressortir le sens:* arachnéen, titanesque, un dédale, se brûler les ailes.

❷ *Trouvez des adjectifs de la même famille que les noms suivants et employez deux d'entre eux dans une phrase qui en éclairera le sens:* le mépris, le dédain, la prétention, la vanité, l'arrogance, la fierté, l'orgueil.

❸ *Inventez des périphrases pour désigner Jupiter et Mercure. Vous pourrez vous servir de leur généalogie ou de leurs attributs.*

À vous d'écrire

❶ Imaginez une tapisserie qui représente une légende de la mythologie grecque ou latine que vous aimez bien. Décrivez-la (au présent de l'indicatif) en vous inspirant de la page 53.
Consigne. Vous utiliserez quelques périphrases pour désigner les héros ou les dieux que vous mettrez en scène.

❷ Lucius, un mortel, vole à Jupiter sa foudre et son bouclier. Jupiter le punit par une métamorphose. Imaginez la scène.
Consigne. Dans un premier paragraphe, vous raconterez comment Jupiter a retrouvé Lucius et dans un second, la punition qu'il lui inflige.

Du texte à l'image

➥ Bas-relief romain, 150 apr. J.-C., Villa Albani, Rome.
(Image reproduite en couverture.)

👁 Lire l'image

❶ Quels indices vous permettent d'identifier les personnages représentés sur la couverture ?

❷ Lequel des deux personnages a la plus grande taille ? Pourquoi à votre avis ?

📄 Comparer le texte et l'image

❸ Précisez en quoi cette image vous semble correspondre ou non à l'épisode que vous avez lu.

❹ Si vous étiez l'éditeur des *Métamorphoses*, auriez-vous choisi cette image pour la couverture du livre ? Si oui, dites pourquoi ou, si ce n'est pas le cas, dites quel récit vous auriez choisi d'illustrer en couverture.

✏ À vous de créer

❺ Avec un de vos camarades, imaginez les paroles qu'auraient pu échanger les deux personnages représentés sur la sculpture. Vous aurez à jouer ce dialogue devant vos camarades.

❻ Pour rivaliser avec Apollon, dieu des arts, créez un tableau ayant pour thème la mythologie. Vous pouvez, au choix, utiliser votre matériel de dessin ou des images existantes découpées et collées sur le support de votre choix. Votre œuvre pourra avoir un aspect très moderne.

Orphée et Eurydice

Enveloppé de son manteau couleur de safran, Hyménée, le dieu protecteur des mariages, s'élance à travers l'immensité des airs vers la contrée des Ciconiens[1] où l'appelle Orphée. Il vient, certes, mais il ne sourit pas et n'apporte aucun heureux présage[2]. Sa torche même répand une fumée qui fait pleurer les yeux : il a beau l'agiter, il ne peut en ranimer la flamme. La suite est encore plus triste que ce mauvais présage.

En effet, tandis qu'Eurydice, la jeune épouse d'Orphée, se promène dans la prairie en compagnie de quelques Naïades, un serpent lui mord le talon. Elle meurt aussitôt. Orphée la pleure à la surface de la terre et il est prêt à explorer le séjour des morts pour la retrouver. Il ose alors passer la porte du Ténare[3] pour rejoindre le Styx. Il traverse le monde des ombres qui ont reçu les honneurs de la sépulture et va trouver Perséphone et Pluton, le maître et souverain du lugubre royaume. Orphée frappe alors les cordes de sa lyre et se met à chanter :

---

1. **Ciconiens** : peuple de Thrace, au nord de la Grèce.
2. **Présage** : signe qui annonce l'avenir.
3. **Ténare** : cap situé au sud-est de la Grèce, où se trouvait une grotte considérée par les Anciens comme une entrée des Enfers.

«Ô divinités de ce monde souterrain où retombent tou-
20 tes les créatures mortelles, permettez-moi de parler sans
détours et de dire la vérité. Je ne suis pas descendu en ces
lieux pour voir le ténébreux Tartare[1], ni pour enchaîner
Cerbère[2], le chien monstrueux aux trois têtes hérissées de
serpents que Méduse a enfanté. Non, je viens chercher ici
25 mon épouse : une vipère, sur laquelle elle a marché, lui a
injecté son venin et l'a entraînée dans la mort à la fleur
de l'âge. J'ai essayé de supporter mon malheur, oui, je l'ai
tenté, mais Amour a triomphé. C'est un dieu bien connu
dans le monde d'en haut. L'est-il ici ? Je l'ignore. Pourtant je
30 suppose qu'ici aussi il a sa place et, si l'antique enlèvement
que l'on raconte[3] n'est pas une fable, vous aussi vous avez
été unis par Amour. Je vous en prie, je vous en conjure,
au nom de ces lieux terrifiants, au nom de cet immense
Chaos[4], de ce vaste et silencieux royaume, renouez le fil
35 trop tôt coupé de la vie[5] d'Eurydice ! Nous le savons, tout
vous est dû. Après une courte halte sur terre, un peu plus tôt
ou un peu plus tard, nous nous acheminons vers le même
séjour. C'est ici que nous finissons tous, nous les mortels,
c'est ici que se trouve notre dernière demeure, c'est vous
40 qui régnez sans fin sur le genre humain.

Eurydice aussi sera soumise à vos lois quand elle aura
vieilli ! Je ne vous demande pas un don, mais une faveur,
celle de vivre avec mon épouse. Si les destins me refusent

---

1. Tartare : lieu des Enfers où se trouvaient ceux que les dieux voulaient punir.
2. Cerbère : gardien des Enfers.
3. Pluton enleva sa femme Proserpine.
4. Chaos : personnification du vide primordial, avant la création du monde. Il engendra
les ténèbres infernales.
5. Selon les Anciens, la vie est symbolisée par un fil tissé par trois sœurs appelées les
Parques. Ces divinités du destin coupent le fil lorsque la mort survient.

cette grâce, je suis résolu à ne pas revenir sur mes pas.
45 Réjouissez-vous alors de notre double mort ! »

En entendant ce long chant plaintif, accompagné des
accords de la lyre, les ombres se mettent à pleurer. Tantale
cesse de poursuivre l'eau qui lui échappe sans fin, la roue
d'Ixion[1] s'arrête, les vautours oublient de déchirer le foie
50 de leur victime, les Danaïdes[2] abandonnent leurs tonneaux,
Sisyphe[3] s'assied sur son rocher. Les joues des Euménides[4],
émues, se mouillent de larmes pour la première fois. Ni
le dieu qui gouverne les Enfers, ni son épouse ne peuvent
résister à une telle prière.

55 Ils appellent Eurydice qui était là, parmi les ombres
récemment arrivées. Elle s'avance d'un pas ralenti par sa
blessure. Orphée obtient qu'elle lui soit rendue, à la seule
condition qu'il ne se retourne pas pour la regarder avant
d'être sorti des vallées de l'Averne[5]. Sinon, la faveur lui
60 sera retirée.

Au milieu d'un profond silence, les époux prennent un
sentier en pente, escarpé[6], obscur, enveloppé d'un épais
brouillard. Ils ne sont pas loin de toucher au but et d'atteindre la surface de la terre, lorsque, craignant qu'Eurydice
65 ne lui échappe et impatient de la voir, Orphée tourne les
yeux vers elle. Elle est entraînée aussitôt en arrière. Elle
tend les bras, elle cherche à être retenue, à l'étreindre mais
l'infortunée ne saisit que l'air impalpable. Elle meurt pour

---

1. Ixion : voir la note page 64.
2. Danaïdes : ce sont les cinquante filles de Danaos qui ont été condamnées à remplir
éternellement des tonneaux percés pour avoir assassiné leurs cinquante maris.
3. Sisyphe : pour avoir trompé les dieux avec ses ruses, il a été condamné à rouler
éternellement en haut d'une pente un rocher qui redescendait toujours.
4. Euménides : divinités qui châtient les criminels.
5. Averne : lac italien où les Anciens situaient aussi l'entrée des Enfers.
6. Escarpé : abrupt, dont la pente est très raide.

la seconde fois sans se plaindre pourtant de son époux. De
70 quoi en effet se plaindrait-elle sinon d'être aimée ? Elle
adresse un dernier adieu à Orphée, qui l'entend à peine,
puis elle retombe dans l'abîme d'où elle vient.

En voyant la mort lui ravir son épouse pour la seconde fois,
Orphée reste saisi de stupeur[1] et d'effroi comme quelqu'un
75 qui se trouverait en face des trois têtes menaçantes du
chien des Enfers. Il prie, il supplie, il essaie de passer une
seconde fois le fleuve des Enfers mais Charon[2] le repousse.
Pendant sept jours pourtant, il reste là, assis sur la rive, sans
manger ni boire, avec son amour, sa douleur et ses larmes
80 pour seule nourriture. Il accuse de cruauté les dieux des
Enfers. Enfin, il se retire sur les hauteurs du Rhodope[3]
battues par les vents. Et, pendant trois ans, de nombreuses
femmes cherchent à lui plaire mais il les repousse. Orphée
demeure inconsolable.

[Livre X]

---

1. Stupeur : étonnement si fort qu'il empêche de bouger.
2. Charon : celui qui mène la barque qui permet de traverser le Styx et ainsi d'entrer
dans les Enfers.
3. Rhodope : montagne de Thrace.

Pygmalion

Pygmalion vit seul, sans compagne ; aucune épouse n'a jamais partagé son lit. Un jour, grâce à son habileté prodigieuse, il réussit à sculpter dans l'ivoire blanc comme la neige un corps de femme d'une telle beauté que la nature ne peut en créer de semblable. Il tombe aussitôt amoureux de son œuvre. Elle a toutes les apparences d'une jeune fille réelle. Elle semble vivante et prête à se mouvoir[1], si la pudeur ne la retenait. Émerveillé, le cœur de Pygmalion s'enflamme pour cette image. Il approche souvent ses mains de son chef-d'œuvre pour s'assurer qu'il s'agit bien là d'ivoire mais il ne parvient pas à s'en persuader. Il donne des baisers à sa statue et il s'imagine qu'elle les lui rend. Il lui parle, il la serre dans ses bras. Il se figure que ses doigts touchent de la chair sur laquelle il craint même de laisser une empreinte. Tantôt il caresse sa bien-aimée, tantôt il lui apporte des cadeaux qui plaisent aux jeunes filles : des coquillages, des cailloux polis, de petits oiseaux, des fleurs de mille couleurs, des lis, des balles[2] peintes, de l'ambre[3]. Il la pare aussi de beaux vêtements et met à ses

---

1. **Se mouvoir** : bouger.
2. **Balles** : jeu ordinaire des jeunes filles dans l'Antiquité.
3. **Ambre** : résine jaune ou rouge qui sert à la confection de bijoux.

20 doigts des pierres précieuses, à son cou de longs colliers, à
ses oreilles des perles légères, sur sa poitrine des chaînettes.
Tout lui va bien mais, quand elle est nue, elle ne semble
pas moins belle. Il la couche sur des tapis teints de pourpre, l'appelle sa bien-aimée, sa compagne et pose son cou
25 incliné sur des coussins de plumes moelleuses, comme si
elle pouvait y être sensible.

Le jour de la fête de Vénus que Chypre[1] tout entière
célèbre avec éclat arrive. On lui sacrifie des génisses aux
cornes recourbées couvertes d'or, l'encens fume de toutes
30 parts. Alors, après avoir déposé son offrande, Pygmalion,
debout devant l'autel, dit d'une voix timide :

« Ô dieux, si vous pouvez tout accorder, donnez-moi
pour épouse, je vous en supplie, (il n'ose pas dire la vierge
d'ivoire) une femme semblable à la vierge d'ivoire. »

35 Vénus qui, toute parée d'or, assiste elle-même à sa fête,
comprend ce que signifie cette prière : présage de sa bien-
veillance, la flamme se rallume trois fois et s'élève dans
les airs.

De retour chez lui, l'artiste se rend auprès de la statue
40 de la jeune fille, se penche sur le lit où il l'a étendue et
lui donne un baiser. Il croit sentir que son corps est tiède.
Il approche de nouveau sa bouche et pose la main sur sa
poitrine. L'ivoire perd sa dureté, s'attendrit, fléchit sous
les doigts et s'amollit comme le fait la cire au soleil. Pyg-
45 malion est stupéfait. Il hésite à se réjouir car il craint de
se tromper. Sa main caresse et caresse encore celle qu'il
désire. Oui ! Galatée est vivante ! Il sent des veines palpiter
au contact de ses doigts. Alors le sculpteur remercie Vénus

---

1. Chypre : île de la Méditerranée orientale.

et lui rend grâce. Sa bouche embrasse enfin une bouche
50 véritable. La jeune fille sent les baisers qu'il lui donne et
rougit. Elle lève timidement les yeux vers la lumière et voit
en même temps le ciel et celui qui l'aime. Vénus assiste
à leur mariage : c'est son œuvre. Neuf lunes plus tard, la
jeune épouse met au monde une fille, Paphos, dont l'île
55 de Chypre aujourd'hui encore garde le nom[1].

[Livre X]

---

1. Paphos est une ville de Chypre.

Un quiz pour commencer

Cochez les bonnes réponses.

❶ *Comment Eurydice meurt-elle ?*
- ☑ Elle est mordue par une vipère.
- ☐ Elle est blessée par une flèche.
- ☐ Elle tombe d'une falaise.

❷ *Quel est le talent d'Orphée ?*
- ☐ Il parle très bien.
- ☑ C'est un excellent musicien.
- ☐ C'est un grand sculpteur.

❸ *Comment les ombres des Enfers réagissent-elles en entendant le chant d'Orphée ?*
- ☐ Elles se jettent sur lui.
- ☑ Elles pleurent.
- ☐ Elles s'enfuient.

❹ *Pourquoi Orphée n'a-t-il pas pu ramener Eurydice dans le monde des vivants ?*

◻ Parce que les dieux des Enfers n'ont pas voulu la laisser partir.

◻ Parce qu'Eurydice a refusé de l'accompagner.

☒ Parce qu'il s'est retourné pour la regarder avant d'être sorti des Enfers.

❺ *Où l'histoire de Pygmalion se passe-t-elle ?*

◻ À Paphos.

◻ À Delphes.

☒ À Chypre.

❻ *Qui Pygmalion traite-t-il comme sa bien-aimée ?*

◻ Une esclave.

☒ Une statue.

◻ Vénus.

❼ *Quelle déesse donne la vie à la statue de Pygmalion ?*

◻ Minerve.

☒ Vénus.

◻ Junon.

Des questions pour aller plus loin

👉 Étudier le pouvoir de l'artiste dans *Les Métamorphoses*

Des créateurs

❶ En vous appuyant avec précision sur le texte, montrez qu'Orphée est présenté comme un grand musicien.

❷ La statue de Pygmalion est-elle réussie ? Pourquoi ?

❸ Retrouvez tout ce qui montre que Pygmalion traite sa statue comme une véritable jeune fille.

Orphée, un poète-musicien aux Enfers (p. 75-78)

❹ Qu'est-ce qui, dès le début de l'histoire d'Orphée et d'Eurydice, rend l'atmosphère inquiétante ?

❺ Relevez les passages du texte qui évoquent le caractère sinistre et angoissant des Enfers.

❻ Quels détails sur la géographie des Enfers et sur ses habitants découvre-t-on en suivant Orphée aux Enfers ?

❼ Quelles périphrases désignent Pluton ? Sur quel aspect du personnage ces expressions insistent-elles ?

❽ Quel effet le chant et la musique d'Orphée font-ils sur le peuple des Enfers ?

Une vie nouvelle

❾ Dans le passage du retour vers la surface de la terre (p. 77, l. 61 à 68), relevez les termes qui expriment la séparation d'Orphée et d'Eurydice.

❿ Qu'est-ce qui, dans les deux histoires de Pygmalion et d'Orphée, montre la force de l'amour ?

⓫ Quel rôle joue les dieux dans ces deux *Métamorphoses* ?

⓬ Relevez les indices montrant que la statue de Pygmalion passe de l'immobilité de l'ivoire à la vie (l. 41-52, p. 80-81).

⓭ Orphée et Pygmalion ont-ils obtenu ce qu'ils voulaient ? Pour répondre, appuyez-vous avec précision sur le texte.

Rappelez-vous !

Dans son œuvre, Ovide raconte l'histoire de créateurs : c'est une façon indirecte de présenter à ses lecteurs sa conception de l'Art et d'en montrer la force. En effet, l'artiste, grâce à son talent, peut émouvoir les êtres les plus insensibles et rendre vivant ce qui ne l'est pas.

De la lecture à l'écriture

Des mots pour mieux écrire

❶ *Cherchez des mots de la même famille que « création »
et « art ».*

❷ a. *Les noms des personnages Chaos et Cerbère sont devenus des noms communs. Employez ces deux noms communs dans une phrase qui en fera clairement ressortir le sens.*
b. *Cherchez les cinq adjectifs qui caractérisent l'atmosphère inquiétante des Enfers en rétablissant les lettres manquantes :* lug _ _ _ e ; ter _ _ _ _ ant ; t _ _ é _ _ eux ; ob _ _ _ r ;
s _ n _ s _ r _ .

À vous d'écrire

❶ Imaginez les pensées de la statue de Pygmalion, Galatée, au moment où elle devient une femme vivante.

Consigne. Vous rédigerez votre texte à la première personne du singulier. Galatée exprimera sa surprise et donnera ses impressions sur le monde des hommes et sur Pygmalion.

❷ Tel Hercule, vous descendez aux Enfers, car vous avez parié que vous étiez capable de ramener Cerbère à la surface de la Terre. Racontez ce voyage extraordinaire.

Consigne. Vous devez franchir le Styx, vous décrirez les Enfers et raconterez votre rencontre avec Pluton et Proserpine en utilisant le vocabulaire de l'exercice 2 page 85.

❸ Auriez-vous aimé, plus jeune, qu'un de vos jouets devienne vivant ? Imaginez que ce souhait se soit réalisé et racontez cette métamorphose en une quinzaine de lignes.

Consigne. Vous pourrez exprimer votre peur ou votre surprise et vous décrirez précisément la transformation progressive du jouet en être vivant.

Des questions sur l'ensemble des *Métamorphoses*

Un univers merveilleux

❶ Quels différents rôles jouent les dieux dans les métamorphoses ?

❷ Quels personnages surnaturels jouent le même rôle que les dieux dans les contes de fées ?

❸ Persée et Orphée sont-ils des hommes comme tout le monde ? Justifiez votre réponse.

❹ Ces histoires vous semblent-elles vraisemblables ? Expliquez clairement votre pensée.

Les métamorphoses

❺ Recopiez ce tableau et classez-y les métamorphoses étudiées.

Humains transformés en plantes	Humains transformés en pierres	Humains transformés en animaux	Pierres ou ivoire transformés en humains

❻ Dites, pour chacune des métamorphoses du recueil, qui l'a provoquée et pourquoi.

❼ Quelles sont les métamorphoses qui vous semblent être positives pour ceux qui les subissent et quelles sont celles qui vous semblent être négatives ? Justifiez votre réponse.

❽ Quelle est votre métamorphose préférée ? Expliquez pourquoi.

La condition humaine

❾ Retrouvez dans le recueil les personnages vertueux et pieux, les personnages victimes du malheur, les personnages refusant leur condition d'homme ou bravant les interdits et les personnages irrespectueux envers les dieux ou les défiant. Classez-les dans un tableau.

❿ Dans quels récits des *Métamorphoses* l'amour joue-t-il un rôle important ? Présentez l'histoire d'amour que vous avez préférée en expliquant ce qui vous a particulièrement plu.

⓫ Quels sont les divers enseignements que le lecteur peut tirer de la lecture de toutes ces métamorphoses ?

Des mots pour mieux écrire

Lexique de la magie

Charme : pouvoir magique, ensorcellement.
Enchanter : agir sur quelqu'un par des procédés magiques.
Envoûter : exercer une influence sur quelqu'un grâce à un pouvoir magique, le plus souvent pour lui faire du mal.

Métamorphose : transformation de l'apparence d'un corps.
Pétrifier : transformer en pierre.
Statufier : transformer en statue.

Mots croisés

Remplissez cette grille simplifiée à l'aide du lexique de la magie.
Attention, les mots peuvent changer de nature et de terminaison.

Horizontalement

1. Les compagnons d'Ulysse le furent par la voix des sirènes.
2. C'est ce que Persée fit à Atlas en lui montrant la tête de Méduse:
il le...
3. Quand on l'est, on ne peut plus agir librement.

Verticalement

A. Tel est le titre de votre recueil.
B. Les sorcières en abusent.
C. Faire l'inverse de ce qui est arrivé à Galatée.

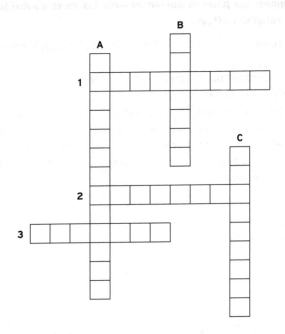

Lexique de la religion antique

Augure : signe qui semble annoncer l'avenir. Dans l'Antiquité, prêtre chargé de déchiffrer les signes des dieux dans certains phénomènes naturels.

Devin : personne qui peut deviner l'avenir en interprétant certains phénomènes.

Oracle : dans l'Antiquité, réponse des dieux aux questions que leur posent les hommes. Le terme peut également désigner le dieu lui-même ou la personne qui transmet sa réponse.

Prédiction : parole annonçant l'avenir.

Présage : signe dont l'interprétation permet de prévoir l'avenir.

Tous ces mots renvoient à des pratiques de la religion antique. Cependant on les emploie encore aujourd'hui. Complétez les phrases suivantes avec les mots du lexique de la religion antique.

1. Cet homme est très sûr de lui. Il prend ses affirmations pour des _ _ _ _ _ _ _ _.

2. Je suis inquiet pour notre avenir. J'espère que tes _ _ _ _ _ _ _ _ optimistes s'avéreront justes !

3. Ce bébé est souriant. C'est un heureux _ _ _ _ _ _ _ _ pour l'avenir !

4. Ces nuages noirs me paraissent de mauvais _ _ _ _ _ _ _ _ ; je ne suis pas certain que nous pourrons faire notre promenade.

5. Je ne suis pas _ _ _ _ _ _ _ _, mais je pense que cette aventure va mal se terminer.

À vous de créer

❶ *Une métamorphose*

À vous maintenant d'être métamorphosé.

– Choisissez une photographie de vous-même que vous avez le droit d'abîmer.

– Déterminez en quoi vous allez être métamorphosé.

– Grâce à toutes les techniques que vous souhaitez (découpage, collage, document informatique, coloriage, peinture…), créez une métamorphose de vous-même à partir de votre photographie de manière à ce qu'on vous reconnaisse encore, la transformation n'étant pas tout à fait terminée.

❷ B2i *Un arbre généalogique des dieux romains*

Vous allez créer un panneau à afficher dans votre classe qui reconstituera l'arbre généalogique des douze principaux dieux romains.

– Sur un brouillon, rassemblez vos connaissances personnelles sur le sujet. Vous pouvez vous aider du glossaire en fin d'ouvrage.

– Effectuez également une recherche au CDI de votre collège.

– Consultez de plus les sites Internet suivants :

http://colleges.ac-rouen.fr/salmona/latin/Peter/4Bles%20dieux.html

ou http://www.antiquite.ac-versailles.fr/mytho0.htm

– Rassemblez des illustrations sur les dieux, qu'elles datent de l'Antiquité ou soient plus récentes.

– Constituez l'arbre généalogique en intégrant les images à côté des noms des dieux en pensant que votre panneau devra être visible de loin et agréable à regarder.

– Vous aurez à le présenter à vos camarades lorsqu'il sera affiché.

Groupements de textes

La tentation de la démesure

Gilgamesh

Gilgamesh, écrit vers 1300 av. J.-C., est le plus ancien texte littéraire qui nous soit parvenu. Cette épopée mésopotamienne raconte les exploits du roi d'Uruk, Gilgamesh, et de son ami Enkidu. Après avoir vaincu le démon Humbaba, Gilgamesh offense la déesse Ishtar. Pour se venger, celle-ci fait appel au terrible Taureau céleste. Mais les deux compagnons terrassent l'animal...

[Ishtar] se lamentait :

« Gilgamesh m'a humiliée en tuant le Taureau céleste ! »

Quand Enkidu entendit ses plaintes, il arracha une patte du Taureau, la lui jeta à la figure, et lui dit :

« Si seulement je t'avais attrapée toi aussi, je t'aurais fait subir le même sort ! Et je t'aurais accroché ses tripes aux bras. »

Ishtar s'éloigna et pleura la mort du Taureau céleste avec les courtisanes d'Uruk.

De son côté, Gilgamesh convoqua tous les artisans du pays. Les fondeurs de métaux, les orfèvres et les joailliers admirèrent les épaisses cornes du Taureau. Le roi leur demanda de les orner de lazulite[1] et d'or. Les artisans utilisèrent trente kilogrammes de pierreries et un kilogramme d'or. Les deux cornes réunies étaient si profondes qu'elles pouvaient contenir mille huit cents litres d'huile. Gilgamesh offrit les deux cornes pour le culte de son père, le divin Lugalbanda.

Puis, Gilgamesh et Enkidu se lavèrent les mains dans l'Euphrate[2] pour se purifier du meurtre du Taureau céleste. Ensuite, sur leurs chars, ils parcoururent les rues d'Uruk et tous les habitants de la cité les admiraient.

Plus tard, en son palais, Gilgamesh se pavanait[3] et demandait à ses servantes:

« Quel est l'homme le plus beau et quel est l'homme le plus glorieux? Le plus beau, c'est Gilgamesh! Le plus glorieux, c'est Enkidu! Oui, c'est nous qui, pris de colère, avons jeté la patte du Taureau céleste à la tête d'Ishtar. Et elle n'a trouvé personne dans cette ville pour la consoler! »

Gilgamesh organisa ensuite de grandes réjouissances dans son palais. La nuit vint. Les gaillards de son escorte s'endormirent tranquillement dans leur lit après la fête. Enkidu eut un songe qu'il raconta dès son réveil à son ami Gilgamesh.

Voici le songe qu'Enkidu raconta à son ami Gilgamesh:

« Dans mon rêve, les dieux discutaient et certains me reprochaient d'avoir pris part aux meurtres d'Humbaba et du Taureau céleste. Ils me condamnaient à mort. J'ai donc compris que l'heure de ma mort était proche. »

Gilgamesh [XIVe s. av. J.-C.], adapt. par M. Laffon d'après la trad. de J. Bottéro, Belin-Gallimard, « Classico », 2009.

---

1. **Lazulite** : pierre semi-précieuse d'un bleu intense.
2. **Euphrate** : fleuve de Mésopotamie (région de l'Irak actuelle).
3. **Se pavanait** : marchait fièrement comme un paon, crânait.

Ancien Testament, Genèse

La Genèse, dans l'Ancien Testament, raconte la création du monde et des hommes par Dieu. Lors de ses balbutiements, l'humanité réduite à Noé et à sa descendance après le déluge, défie Dieu en voulant construire une tour qui monte jusqu'au ciel.

Tout le monde se servait d'une même langue et des mêmes mots. Comme les hommes se déplaçaient à l'orient, ils trouvèrent une vallée au pays de Shinéar[1] et ils s'y établirent. Ils se dirent l'un à l'autre : « Allons ! Faisons des briques et cuisons-les au feu ! » La brique leur servit de pierre et le bitume leur servit de mortier. Ils dirent : « Allons ! Bâtissons-nous une ville et une tour dont le sommet pénètre les cieux ! Faisons-nous un nom et ne soyons pas dispersés sur toute la terre ! »

Or Yahvé[2] descendit pour voir la ville et la tour que les hommes avaient bâties. Et Yahvé dit : « Voici que tous font un seul peuple et parlent une seule langue, et tel est le début de leurs entreprises ! Maintenant, aucun dessein ne sera irréalisable pour eux. Allons ! Descendons ! Et là, confondons leur langage pour qu'ils ne s'entendent plus les uns les autres. » Yahvé les dispersa de là sur toute la face de la terre et ils cessèrent de bâtir la ville. Aussi la nomma-t-on Babel, car c'est là que Yahvé confondit le langage de tous les habitants de la terre et c'est de là qu'il les dispersa sur toute la face de la terre.

La Bible de Jérusalem, Genèse 11, 1-9, trad. de l'hébreu par l'École biblique de Jérusalem, Éditions du Cerf, 1988.

Homère, *L'Iliade*

Dans *L'Iliade*, épopée certainement plus ancienne que *L'Odyssée*, Homère (VIIIᵉ siècle av. J.-C.) raconte la dixième année de la guerre de Troie. Sur la plaine devant la ville, les combats entre les deux

---

1. **Pays de Shinéar** : région de Babylone.
2. **Yahvé** : Dieu.

camps font rage. Le Grec Diomède blesse le Troyen Énée. La mère de ce dernier, Aphrodite, déesse de l'amour, intervient alors sur le champ de bataille pour le protéger. Mais Diomède n'hésite pas à s'attaquer à elle.

Mais Diomède poursuivait Kypris[1] d'un bronze sans pitié ; il la savait déesse sans vaillance, et non de ces déesses qui commandent aux hommes dans la guerre : Athéna ou Ényo[2] destructrice de cités. Dès qu'il la rejoignit, la poursuivant parmi la grande foule, le fils du magnanime Tydée[3] se fendit[4], bondit avec sa lance aiguë et blessa la déesse à la racine de sa main langoureuse. La lance perça tout aussitôt la peau, à l'extrémité de la paume, à travers l'ambrosiaque[5] péplos[6], que le labeur des Charites[7] elles-mêmes lui avait tissé. Le sang divin de la déesse, l'*ichor*, coula tel qu'il coule chez les dieux bienheureux, car ils ne mangent pas de pain, ne boivent point de vin couleur de feu, et c'est pourquoi ils n'ont pas de sang, et sont dits immortels. Poussant alors un grand cri, Aphrodite loin d'elle laissa tomber son fils[8]. Phœbos Apollon le reçut en ses mains et le fit disparaître dans une sombre nuée[9], par crainte qu'un Danaen[10] aux rapides chevaux, l'atteignant au cœur avec sa lance de bronze, ne lui ôtât la vie. Diomède alors, vaillant au cri de guerre, cria d'une voix forte :

– Retire-toi, fille de Zeus, de la guerre et du carnage ! N'est-ce point assez que tu fascines les femmes sans vaillance ? Mais si tu veux reparaître à la guerre, je crois que la guerre te fera frissonner, même si tu entends dire qu'on se bat loin d'ici.

---

1. **Kypris** : Aphrodite.
2. **Ényo** : déesse de la guerre.
3. **Le fils du magnanime Tydée** : le fils de Tydée au grand courage, Diomède.
4. **Se fendit** : se mit en position de combat.
5. **Ambrosiaque** : de nature divine.
6. **Péplos** : vaste étoffe portée par les femmes, qui recouvrait les autres vêtements et les enveloppait de la tête aux pieds.
7. **Charites** : divinités de la beauté.
8. **Son fils** : Énée, qu'elle tenait pour le protéger et l'écarter du champ de bataille.
9. **Nuée** : nuage.
10. **Danaen** : Grec.

Ainsi parla-t-il. Et Kypris tout alarmée s'en allait, terriblement brisée. Iris[1] aux pieds de vent prit alors par la main et conduisit hors de la mêlée la déesse accablée de douleur ; sa belle peau noircissait. Elle rencontra dès lors, à gauche du combat, l'impétueux Arès ; il était assis, tandis que sa lance et ses chevaux rapides portaient sur[2] un nuage. Tombant alors aux genoux de son frère, le suppliant instamment, elle lui demanda ses chevaux au frontal[3] d'or :

– Frère chéri, seconde-moi et prête-moi tes chevaux pour retourner dans l'Olympe où est le séjour des Immortels. Je souffre trop de la blessure dont me férit[4] un mortel, le fils de Tydée, qui s'attaquerait à cette heure, même à Zeus mon père.

Ainsi parla-t-elle et Arès lui prêta ses chevaux au frontal d'or. Elle monta sur le char, le cœur au désespoir.

Homère, *Iliade* [VIIIe s. av. J.-C.], trad. du grec ancien par Mario Meunier, Librairie générale française, « Le livre de poche », 1972.

Homère, *L'Odyssée*

Cette épopée d'Homère (VIIIe s. av. J.-C.) raconte les aventures d'Ulysse. Quelque temps après avoir quitté Troie, le héros aborde sur l'île des Cyclopes[5] et décide de partir à la découverte de ses habitants. Mal lui en prend puisque l'un des Cyclopes le retient prisonnier après avoir dévoré certains de ses compagnons. Grâce à ses fameuses ruses, Ulysse parvient à lui échapper et à retourner sur son navire, mais il ne peut s'empêcher de provoquer le monstre. Dans l'extrait suivant, Ulysse raconte lui-même l'épisode.

---

1. Iris : messagère des dieux.
2. Portaient sur : reposaient sur.
3. Frontal : partie du harnais qui passe sur le front du cheval.
4. Férit : frappa.
5. Cyclopes : fils de Poséidon, géants légendaires et monstrueux, dotés d'un œil unique et rond situé au milieu du front.

Je revins à la charge avec ces mots :

– Cyclope, si jamais un mortel t'interroge sur ton hideuse cécité[1], dis-lui que c'est Ulysse, le destructeur de cités, qui t'a ôté la vue[2], Ulysse fils de Laërte et habitant d'Ithaque.

Je dis ces mots et il me répondit par ce discours et ces lamentations :

– Ah ! Malheur ! L'ancienne prophétie s'est accomplie ! Il y avait jadis ici un devin, le grand et noble Thélème, fils d'Euryme, qui excellait dans l'art de la divination[3] et qui passa ses vieux jours parmi les Cyclopes en prédisant l'avenir. Il m'a annoncé que tout cela se produirait, que la main d'Ulysse me priverait de la vue. Je m'attendais depuis à voir surgir un être grand et beau, investi d'une force extraordinaire ; et voilà que c'est un minuscule minable de rien du tout qui m'a ôté la vue après m'avoir terrassé par le vin. Allez, reviens, Ulysse, je t'offrirai mes beaux présents et je presserai le dieu qui fait trembler la terre[4] de t'accorder le retour puisque je suis son fils et qu'il se flatte d'être mon père. Lui seul me guérira, s'il le veut, et nul autre parmi les dieux bienheureux et les mortels.

À ces mots, je lui répliquai :

– Ah ! si seulement je pouvais te priver du souffle et de la vie et t'expédier au royaume d'Hadès[5] aussi sûrement que personne, pas même le dieu qui fait trembler la terre, ne guérira ton œil.

Je parlai ainsi et lui se mit à prier le seigneur Poséidon en tendant les mains vers le ciel étoilé :

– Écoute-moi, Poséidon aux cheveux outremer[6], dieu des flots qui entourent la terre ! Si je suis bien ton fils et que tu te glorifies d'être mon père, alors accorde-moi qu'Ulysse, le destructeur de cités, le fils de Laërte, habitant d'Ithaque, ne

---

1. Cécité : fait d'être aveugle.
2. Après avoir enivré le Cyclope, Ulysse a profité de son sommeil pour lui crever l'œil.
3. Divination : art de prédire l'avenir.
4. Le Dieu qui fait trembler la terre : Poséidon (Neptune chez les Romains).
5. Hadès : Pluton.
6. Outremer : d'un bleu intense.

rentre pas chez lui. Et si jamais son destin est de revoir ses proches et de regagner sa demeure bien bâtie dans la terre de ses pères, qu'il y parvienne vieux et misérable, privé de tous ses compagnons, à bord d'un navire étranger, et qu'il trouve le malheur régnant dans sa demeure.

Telles furent ses prières et le dieu aux cheveux outremer l'entendit.

Homère, *L'Odyssée* [VIIIᵉ s. av. J.-C.], trad. du grec ancien par H. Tronc, Belin-Gallimard, «Classico», 2009.

Eschyle, *Prométhée enchaîné*

Le poète grec Eschyle (vers 525-456 av. J.-C.) composa de nombreuses tragédies. Celle-ci raconte comment Prométhée fut enchaîné sur le Caucase et subit le châtiment infligé par Zeus pour avoir donné le feu aux hommes: voir son estomac dévoré éternellement par un vautour. Les Océanides, filles d'Océan, viennent lui rendre visite. Il leur explique dans cette scène pourquoi il a été enchaîné.

LE CORYPHÉE[1]. – Dévoile donc tout, et réponds d'abord à cette question: pour quel grief[2] Zeus s'est-il donc saisi de toi et t'inflige-t-il cet infâme et amer outrage? Apprends-le-nous, si le récit ne t'en coûte pas trop.

PROMÉTHÉE. – En parler, déjà, m'est douloureux; mais me taire aussi est une douleur: de tous côtés, rien que misères. Du jour où la colère fut entrée dans le cœur des dieux, tandis que la discorde s'élevait entre eux – les uns voulant chasser Cronos[3] de son trône, afin que Zeus fût désormais leur maître; les autres, au contraire, luttant pour que Zeus jamais ne

---

1. Coryphée : chef du chœur, c'est-à-dire d'un groupe d'une quinzaine d'acteurs qui, dans le théâtre grec, chantaient, dansaient et commentaient les événements de la pièce. Ici le chœur est composé des Océanides.
2. Grief : motif de plainte.
3. Cronos : père de Zeus, équivalent dans la mythologie grecque de Saturne.

régnât sur les dieux – j'eus beau alors donner les plus sages conseils et chercher à persuader les Titans[1], fils d'Ouranos et de la Terre, je n'y réussis pas. Dédaignant les moyens de ruse, ils crurent, en leur brutalité présomptueuse[2], qu'ils n'auraient point de peine à triompher par la force. Moi, plus d'une fois, ma mère, Thémis ou Gaia, forme unique sous maints noms divers, m'avait prédit comment se réaliserait l'avenir : à qui l'emporterait non par force et violence, mais par ruse, appartiendrait la victoire. Je le leur expliquai avec force raisons : ils ne daignèrent pas m'accorder un regard ! Le mieux, dans ces conjonctures, m'apparaissait dès lors d'avoir pour moi ma mère en m'allant placer aux côtés de Zeus, qui volontiers accueillit le volontaire. Et c'est grâce à mes plans qu'aujourd'hui le profond et noir repaire du Tartare[3] cache l'antique Cronos avec ses alliés. Voilà les services qu'a obtenus de moi le roi des dieux et qu'il a payés de cette cruelle récompense. C'est un mal inhérent, sans doute, au pouvoir suprême que la défiance à l'égard des amis ! – Quant à l'objet de votre question : pour quel grief m'outrage-t-il ainsi ? je vais vous l'éclaircir. Aussitôt assis sur le trône paternel, sans retard, il répartit les divers privilèges entre les divers dieux, et commence à fixer les rangs dans son empire. Mais, aux malheureux mortels, pas un moment il ne songea. Il voulait au contraire en anéantir la race, afin d'en créer une toute nouvelle. À ce projet nul ne s'opposait – que moi. Seul, j'ai eu cette audace, j'ai libéré les hommes et fait qu'ils ne sont pas descendus écrasés, dans l'Hadès[4]. Et c'est là pourquoi aujourd'hui je ploie sous de telles douleurs, cruelles à subir, pitoyables à voir. Pour avoir pris les mortels en pitié, je me suis vu refuser la pitié, et voilà comme implacablement je suis ici traité, spectacle funeste au renom de Zeus.

Eschyle, *Prométhée enchaîné* [vᵉ s. av. J.-C.], trad. du grec ancien par P. Mazon, Gallimard, «Folio classique», 2008. © Les Belles Lettres.

---

1. Les Titans soutiennent Cronos, contre Zeus.
2. Présomptueuse : trop sûre d'elle-même.
3. Tartare : lieu des Enfers où se trouvaient ceux que les dieux voulaient punir.
4. Dans l'Hadès : dans les Enfers.

Virgile, *L'Énéide*

Le poète Virgile (70 environ av. J.-C.-19 av. J.-C.) a donné à Rome sa grande épopée, *L'Énéide* où il relate les aventures d'Énée après la chute de Troie. Dans l'extrait suivant, Énée raconte comment les Grecs, après avoir fait semblant de partir, ont laissé un immense cheval de bois sur le rivage. Les Troyens s'interrogent : que doivent-ils faire de cet objet ? Le prêtre Laocoon offense alors Athéna en dévoilant la ruse des Grecs.

Mais voici qu'à la tête d'une troupe nombreuse arrive le grand prêtre Laocoon ; il accourt du haut de la citadelle et il crie de loin, furieux :

– Malheureux ! Vous êtes fous ? Vous croyez que les ennemis sont partis ? Vous pensez que les Danaens[1] peuvent faire des cadeaux sans qu'il y ait un piège derrière ? C'est bien ça, la réputation d'Ulysse ? Ou des Achéens sont cachés dans ce cheval de bois, ou bien c'est une machine fabriquée pour attaquer nos murs, espionner nos maisons et s'abattre de toute sa hauteur sur notre ville, ou alors il y a encore un autre piège caché à l'intérieur. Troyens, ne vous fiez surtout pas à ce cheval ! Quoi que ce soit, je crains les Danaens, même lorsqu'ils font des cadeaux !

À ces mots, de toutes ses forces, il lance un énorme javelot dans les flancs de la bête : il s'y fixe en vibrant ; ébranlé dans ses profondeurs, tout le ventre de bois résonne et laisse échapper une sorte de long gémissement.

[…]

Cependant, Laocoon, que le sort avait désigné comme prêtre de Neptune, le dieu des mers, était en train d'immoler solennellement un énorme taureau sur l'autel préparé pour le sacrifice. La mer était calme.

Mais voici qu'arrivent de l'île de Ténédos, glissant côte à côte sur les flots, deux serpents – je frémis d'horreur en le racontant ! : ils s'enroulent en spirales immenses, ils gagnent

---

1. Danaens : Grecs, aussi appelés Achéens.

le rivage, la tête dressée au-dessus des vagues, avec leurs crêtes énormes rouge sang. La mer écume et résonne de leur venue. Leurs yeux brillants sont injectés de sang et de feu ; avec leur langue toute vibrante, ils lèchent leurs gueules qui sifflent. À cette vue, nous fuyons tous, blancs de peur.

Mais les serpents, sans hésiter, foncent sur Laocoon. Ils se jettent d'abord sur ses jeunes fils, ils les enlacent, ils les étouffent, ils les dévorent ! Laocoon se précipite alors à leur secours, une arme à la main. Aussitôt, les serpents le saisissent et le serrent dans leurs énormes anneaux. Deux fois, ils l'ont pris par la taille, deux fois ils ont enroulé autour de son cou leurs anneaux couverts d'écailles, tendant leurs gueules menaçantes au-dessus de sa tête. Avec ses mains, le prêtre tente en vain de défaire leurs nœuds ; ses bandelettes sont souillées de bave et de venin noir. Laocoon pousse des cris horribles vers le ciel. Mais les deux dragons glissent et fuient vers les temples : ils gagnent la citadelle de la cruelle Pallas[1] et ils s'abritent aux pieds de la déesse, derrière son bouclier.

Alors une terreur inconnue s'empare de nos cœurs et nous fait tous trembler : on se met à raconter que Laocoon a mérité ce châtiment parce qu'il a osé jeter sa lance sur le cheval sacré.

Virgile, L'Énéide, [Ier s. av. J.-C], trad. du latin par A. Collognat-Barès,
Pocket, « Pocket Jeunesse Classiques », 2009.

---

1. La déesse Athéna avait un temple sur l'Acropole (la « ville haute ») de Troie, ce qui ne l'empêche pas d'être cruelle à l'égard des Troyens contre lesquels elle s'est manifestée tout au long de la guerre.

Métamorphoses d'hier et d'aujourd'hui

Homère, *L'Odyssée*

Maudit par Poséidon, Ulysse est condamné à errer sur la mer, sans parvenir à rentrer chez lui à Ithaque. Après de nombreuses mésaventures et après avoir perdu tous ses compagnons, il trouve refuge sur l'île des Phéaciens, peuple du roi Alcinoos. Dans cet extrait de *L'Odyssée* d'Homère (VIIIe siècle av. J.-C.), il raconte ce qui est arrivé à ses compagnons sur l'île de Circé.

Dans un vallon au milieu des bois, ils trouvèrent la demeure de Circé, construite en pierres polies sur une hauteur dégagée. Des loups des montagnes et des lions habitaient tout autour ; elle les avait ensorcelés elle-même avec ses drogues maléfiques. Ils n'attaquèrent pas mes hommes, mais se dressaient sur leurs pattes arrière en faisant frétiller leurs longues queues. Comme les chiens qui tournent autour de leur maître en agitant la queue lorsqu'il rentre d'un repas, excités par ce qu'il leur rapporte, ainsi les lions et les loups griffus encerclaient mes compagnons en agitant la queue. À la vue de ces monstres féroces, ils prirent peur et se réfugièrent devant les portes de la déesse aux belles boucles. À l'intérieur, ils entendaient Circé chanter d'une voix mélodieuse tandis qu'elle allait et venait à sa toile sublime – un de ces ouvrages resplendissants de finesse et de grâce qui sont le secret des déesses. Politès, le meneur de guerriers, le compagnon que j'aimais et respectais le plus, leur fit ce discours :

– Mes amis, quelqu'un tisse à l'intérieur une toile immense en chantant d'une voix délicieuse. Tout le sol en résonne. Femme ou déesse ? Appelons sans plus tarder !

À ces mots, ils appelèrent en criant. Elle sortit aussitôt et ouvrit ses portes étincelantes. Elle les invita à l'intérieur et tous la suivirent, sans se méfier. Euryloque seul resta en arrière, il avait flairé le piège. Elle les fit entrer, leur offrit des fauteuils et des chaises et leur prépara une mixture de fromage, de farine d'orge et de miel nouveau dilués dans du vin de Pramnos[1], mais elle y mélangea aussi des drogues néfastes pour leur ôter tout souvenir de leur patrie. Elle leur servit sa potion et, dès qu'ils l'eurent avalée, elle leur donna des coups de baguette et les enferma dans sa porcherie. Des porcs, voilà ce qu'ils étaient devenus : tête, grognements, soies[2] sur le corps, ils en avaient toute l'apparence mais ils avaient conservé leur intelligence humaine. Circé les enferma malgré leurs gémissements et leur jeta en pâture des glands de hêtre et de chêne et des cornouilles[3], la nourriture habituelle des porcs qui se vautrent par terre.

Homère, L'Odyssée [VIIIe s. av. J.-C.], trad. du grec ancien par H. Tronc,
Belin-Gallimard, « Classico », 2009.

Apulée, *Les Métamorphoses ou l'Âne d'or*

Apulée (v. 125-v. 180), dans son roman, raconte les aventures d'un jeune Grec de bonne famille, Lucius. Au cours d'un voyage, il rencontre Photis, la servante de Pamphilé, une sorcière. Victimes de leur curiosité, les deux jeunes gens cherchent à utiliser les pouvoirs magiques de Pamphilé, et c'est ainsi que Lucius se retrouve métamorphosé en âne. Dans l'extrait suivant, Photis et Lucius, encore sous sa forme humaine, espionnent la sorcière.

Environ la première veille de la nuit[4], marchant sur la pointe des pieds et sans faire aucun bruit, elle[5] me conduit elle-même à la pièce du haut et m'invite à regarder par une fente de la porte. Et voici la scène dont je fus témoin. Après s'être d'abord complètement dévêtue, Pamphilé ouvrit un coffret et y prit plusieurs boîtes, ôta le couvercle de l'une d'entre

---

1. Vin de Pramnos : vin réputé de Grèce.
2. Soies : poils durs et raides du porc et du sanglier.
3. Cornouilles : fruits du cornouiller, petit arbre commun des forêts.
4. Première veille de la nuit : première partie de la nuit (la nuit romaine se divisait en quatre veilles).
5. Elle : Photis, la servante de Pamphilé et l'amante du narrateur, Lucius.

elles, en tira une pommade dont, en se frottant longuement avec ses mains, elle s'oignit tout le corps, du bout des ongles au sommet de la tête ; puis, à la suite d'un long conciliabule avec sa lampe[1], elle agite ses membres d'un mouvement saccadé. Et tandis qu'ils battent l'air doucement, on voit onduler peu à peu un moelleux duvet, croître de fortes plumes, se durcir un nez recourbé, s'épaissir des ongles crochus. Pamphilé devient hibou. Alors, avec un cri plaintif et pour s'essayer, elle se soulève de terre par bonds progressifs, puis bientôt s'élance dans les airs et, à tire-d'aile, s'éloigne.

Pamphilé, par ses artifices magiques, s'était métamorphosée volontairement ; moi, sans charme ni incantation, ce qui venait de se passer sous mes yeux suffisait à me figer dans une telle stupeur qu'il me semblait être tout au monde plutôt que Lucius, tant, ravi à moi-même et hébété jusqu'à la démence[2], je rêvais tout éveillé ; et je restai longtemps à me frotter les paupières pour m'assurer que ce n'était pas un songe.

Apulée, *Les Métamorphoses ou l'Âne d'or* [IIᵉ s. ap. J.-C.], trad. du latin par P. Vallette, Les Belles Lettres, 1947.

Charles Perrault, « Cendrillon ou la Petite Pantoufle de verre »

Dans les contes de Charles Perrault (1628-1703), le merveilleux provoque de jolies métamorphoses. L'extrait suivant raconte l'histoire de Cendrillon. La jeune fille est devenue la servante de la nouvelle épouse de son père et de ses deux filles. Celles-ci lui refusent le droit d'aller au bal organisé par le fils du roi. Cendrillon est bien triste, mais sa marraine la fée la console.

Elle[3] la mena dans sa chambre, et lui dit: «Va dans le jardin et apporte-moi une citrouille.» Cendrillon alla aussitôt cueillir

---

1. La sorcière prononce des formules magiques à voix basse, éclairée par sa lampe.
2. Hébété jusqu'à la démence : surpris au point de perdre presque la tête.
3. Elle : la fée marraine de Cendrillon.

la plus belle qu'elle put trouver, et la porta à sa Marraine, ne pouvant deviner comment cette citrouille la pourrait faire aller au Bal. Sa Marraine la creusa, et n'ayant laissé que l'écorce, la frappa de sa baguette, et la citrouille fut aussitôt changée en un beau carrosse tout doré.

Ensuite elle alla regarder dans sa souricière, où elle trouva six souris toutes en vie ; elle dit à Cendrillon de lever un peu la trappe de la souricière, et à chaque souris qui sortait, elle lui donnait un coup de sa baguette, et la souris était aussitôt changée en un beau cheval ; ce qui fit un bel attelage de six chevaux, d'un beau gris de souris pommelé[1].

Comme elle était en peine de quoi elle ferait un Cocher : « Je vais voir, dit Cendrillon, s'il n'y a point quelque rat dans la ratière, nous en ferons un cocher. – Tu as raison, dit sa Marraine, va voir. » Cendrillon lui apporta la ratière, où il y avait trois gros rats. La Fée en prit un d'entre les trois, à cause de sa maîtresse barbe, et l'ayant touché, il fut changé en un gros Cocher, qui avait une des plus belles moustaches qu'on ait jamais vues.

Ensuite elle lui dit : « Va dans le jardin, tu y trouveras six lézards derrière l'arrosoir, apporte-les moi. » Elle ne les eut pas plutôt apportés que la Marraine les changea en six Laquais, qui montèrent aussitôt derrière le carrosse avec leurs habits chamarrés[2], et qui s'y tenaient attachés, comme s'ils n'eussent fait autre chose de toute leur vie.

La Fée dit alors à Cendrillon : « Hé bien, voilà de quoi aller au bal, n'es-tu pas bien aise ? – Oui, mais est-ce que j'irai comme cela avec mes vilains habits ? » Sa Marraine ne fit que la toucher avec sa baguette, et en même temps ses habits furent changés en des habits de drap d'or et d'argent tout chamarrés de pierreries ; elle lui donna ensuite une paire de pantoufles de verre, les plus jolies du monde.

Charles Perrault, « Cendrillon ou la Petite Pantoufle de verre » dans *Contes* [1697], Belin-Gallimard, « Classico », 2014.

***

1. Pommelé : couvert de petites taches rondes et claires.
2. Chamarrés : couverts d'ornements de couleurs vives.

Carlo Collodi, *Pinocchio*

Dans ce conte pour enfants, Pinocchio, le petit pantin inventé par Carlo Collodi (1826-1890), connaît bien des métamorphoses. Avant de devenir un petit garçon, il est d'abord une marionnette, puis un âne, et à nouveau un pantin, sans parler de son nez qui s'allonge à chaque fois qu'il ment. Dans l'extrait suivant, Pinocchio a préféré partir au Pays des Jouets avec son camarade Lumignon, plutôt que d'aller à l'école. À force de ne pas se servir de leur tête, ils se transforment en ânes.

Il se produisit alors une scène qui, si elle n'était vraie, paraîtrait invraisemblable.

C'est-à-dire qu'en se voyant affligés tous les deux de la même disgrâce, Pinocchio et Lumignon, au lieu de se trouver humiliés et de s'affliger, se montrèrent leurs oreilles démesurément agrandies, et, après maintes grimaces, finirent par s'esclaffer et rire aux éclats.

Ils rirent, ils rirent follement, mais, au plus beau de leur joie, Lumignon se calma soudain, puis, vacillant sur lui-même et changeant de couleur, il dit à son ami :

– Au secours ! au secours, Pinocchio !

– Qu'as-tu ?

– Oh ! je n'ai plus la force de me tenir sur mes jambes.

– Ni moi non plus, s'écria Pinocchio, en pleurant et en trébuchant.

Tandis qu'ils parlaient ainsi, ils se courbèrent tous les deux jusqu'à terre, et, marchant avec les mains et avec les pieds, ils se mirent à courir et à tourner dans la chambre.

Et tandis qu'ils couraient, leurs bras devinrent des jambes, leur visage s'allongea et devint un museau, et leur corps se couvrit d'une fourrure gris clair tachée de noir.

Mais l'impression la plus douloureuse pour ces deux malheureux fut celle qu'ils éprouvèrent lorsqu'il leur poussa une queue.

Vaincus par la honte et par la douleur, ils essayèrent de pleurer et de gémir sur leur sort.

Que ne l'eussent-ils jamais fait! Au lieu de plaintes et de lamentations, ils se mirent à braire d'une façon monstrueuse en faisant tous les deux en chœur :

– Hi-han !… Hi-han !…

Au même moment, on frappa à la porte et une voix du dehors leur cria :

– Ouvrez. Je suis le petit bonhomme. C'est moi le conducteur de la voiture qui vous ai amenés dans ce pays. Ouvrez-moi vite ou gare à vous !…

Carlo Collodi, *Pinocchio* [1883], trad. de l'italien par Mme de Gencé,
Librairie générale française, « Le livre de poche jeunesse », 2007.

Rudyard Kipling, « L'Enfant d'Éléphant »

Dans son recueil de contes *Histoires comme ça*, l'écrivain anglais Rudyard Kipling (1865-1936) se plaît à inventer des fables expliquant le monde. C'est souvent le résultat d'une transformation. Dans le texte suivant, l'Enfant d'Éléphant, qui n'a pas encore de trompe, interroge le crocodile afin de savoir ce qu'il mange pour dîner.

Alors l'Enfant d'Éléphant approcha sa tête tout près de la gueule dentue et musquée[1] du Crocodile, et le Crocodile le happa par son petit nez, lequel, jusqu'à cette semaine, ce jour, cette heure et cette minute-là, n'était pas plus grand qu'une botte.

– Je crois, dit le Crocodile – et il dit cela entre ses dents –, je crois qu'aujourd'hui je commencerai par de l'Enfant d'Éléphant.

À ces mots, ô Mieux Aimée[2], l'Enfant d'Éléphant se sentit fort ennuyé, et il dit, en parlant du nez comme ceci :

– Laissez-boi aller ! Fous be faides bal !

Alors le Serpent-Python-Bicolore-de-Rocher descendit la berge dare-dare et dit :

---

1. Musquée : qui sent très fort.
2. Mieux Aimée : fillette imaginaire, destinataire de l'histoire.

– Mon jeune ami, si vous ne tirez pas dès maintenant, sur-le-champ, aussi fort que vous pouvez, j'ai grand-peur que ce vieil ulster[1] de cuir à grands carreaux vous précipite en ce courant limpide, en moins de temps qu'il n'en faut pour dire «Ouf!».

Alors l'Enfant d'Éléphant s'assit sur ses petites hanches et tira, tira, tira encore, tant et si bien que son nez commença de s'allonger. Et le Crocodile s'aplatit dans l'eau qu'à grands coups de queue il fouettait comme de la crème, et lui aussi tira, tira, tira.

Et le nez de l'Enfant d'Éléphant continuait à s'allonger; et l'Enfant d'Éléphant se cala sur toutes ses quatre petites pattes et tira, tira, tira encore, et son nez continuait toujours à s'allonger; et le Crocodile godilla de la queue comme d'un aviron[2], et lui aussi tira, tira, tira encore, et, à chaque effort, le nez de l'Enfant d'Éléphant s'allongeait de plus en plus – et cela lui faisait grand mal.

Puis l'Enfant d'Éléphant sentit ses pieds glisser, et il dit, en parlant du nez, ce nez qui avait maintenant près de cinq pieds de long[3]:

– C'est drop. Je n'y diens blus!

Alors le Serpent-Python-Bicolore-de-Rocher descendit sur la berge et se noua en deux demi-clefs autour des jambes de derrière de l'Enfant d'Éléphant, et dit:

– Voyageur téméraire et dépourvu d'expérience, nous allons maintenant donner pour de bon un peu de haute pression, parce que, autrement, j'ai dans l'idée que ce cuirassé[4] à hélice et pont blindé que voilà va compromettre irréparablement votre brillant avenir.

Alors il tira, et l'Enfant d'Éléphant tira, et le Crocodile tira; mais l'Enfant d'Éléphant et le Serpent-Python-Bicolore-de-Rocher tirèrent le plus fort; et, à la fin, le Crocodile lâcha

---

1. **Ulster** : manteau anglais très long, qui ressemble à une robe de chambre.
2. Pour avancer, le Crocodile se sert de sa queue comme d'une rame.
3. **Cinq pieds de long** : environ 1,50 m.
4. **Cuirassé** : navire de guerre blindé.

le nez de l'Enfant d'Éléphant avec un *plop* qu'on entendit du haut en bas du fleuve Limpopo[1].

Alors l'Enfant d'Éléphant s'assit raide et dur ; mais il commença par dire « Merci » au Serpent-Python-Bicolore-de-Rocher ; et fut gentil ensuite pour son pauvre nez qu'il enveloppa tout du long d'une compresse de feuilles de bananier fraîches et laissa pendre au frais dans le grand fleuve Limpopo qui est comme de l'huile et gris-vert.

– Pourquoi faites-vous ça ? dit le Serpent-Python-Bicolore-de-Rocher.

– Fait'xcuse, dit l'Enfant d'Éléphant, mais mon nez est vilainement déformé et j'attends qu'il reprenne son galbe.

– Alors tu attendras longtemps, dit le Serpent-Python-Bicolore-de-Rocher. Il y a des gens qui ne connaissent pas leur bonheur.

L'Enfant d'Éléphant resta là trois jours assis, attendant que son nez diminue. Mais ce nez ne diminuait pas et même il le faisait loucher. Car, ô Mieux Aimée, tu as saisi et compris que le Crocodile, à force de tirer, en avait fait bel et bien une trompe, telle que tous les Éléphants en portent une aujourd'hui.

Rudyard Kipling, « L'Enfant d'Éléphant » dans *Histoires comme ça* [1902], trad. de l'anglais par L. Fabulet, P. Gripari et R. d'Humières, Gallimard Jeunesse, « Folio junior », 2008. © Delagrave.

J. K. Rowling, *Harry Potter et le prisonnier d'Azkaban*

Dans cet épisode de la célèbre série de J. K. Rowling, née en 1965, le héros découvre que Sirius Black, réputé dangereux criminel, est en fait un ami et qu'il est, comme feu son père, le professeur Lupin et Peter Pettigrow (un traître au service de Voldemord), un Animagus, c'est-à-dire qu'il peut se transformer en animal. Dans l'extrait suivant, Sirius Black, Harry, Ron et Hermione ont fait prisonnier Pettigrow en l'enchaînant à Lupin et à Ron.

---

1. **Limpopo** : fleuve du Sud-Est de l'Afrique.

Soudain, il y eut une éclaircie dans le ciel, de faibles ombres se dessinèrent. À présent, la lueur du clair de lune baignait les alentours.

Rogue[1] heurta Lupin, Pettigrow et Ron qui s'étaient brusquement immobilisés. Sirius se figea, un bras tendu derrière lui pour faire signe à Harry et à Hermione de s'arrêter également.

Harry vit la silhouette de Lupin qui semblait pétrifié et remarqua que ses jambes se mettaient à trembler.

– Oh, là, là…, bredouilla Hermione. Il n'a pas pris sa potion, ce soir ! Il va devenir dangereux !

– Fuyez ! murmura Sirius. Fuyez ! Immédiatement !

Mais Harry ne pouvait s'y résoudre : Ron était enchaîné à Pettigrow et à Lupin. Il se précipita vers lui, mais Sirius le saisit par les épaules et le rejeta en arrière.

– Laisse-moi faire… COURS !

Un terrible grognement retentit. La tête de Lupin s'allongeait. Son corps également. Ses épaules se voûtaient. Des poils apparaissaient sur son visage et ses mains qui se recourbaient pour former des pattes dotées de griffes. Pattenrond[2] recula, sa fourrure dressée sur son échine.

Le loup-garou se cabra en faisant claquer ses longues mâchoires. Sirius avait disparu. Il s'était métamorphosé. L'énorme chien[3] se précipita d'un bond. Lorsque le loup-garou se libéra de la menotte qui l'attachait, le chien l'attrapa par le cou et le tira en arrière, loin de Ron et de Pettigrow. Ils étaient à présent accrochés l'un à l'autre, mâchoire contre mâchoire, leurs griffes se déchirant férocement…

J. K. Rowling, *Harry Potter et le prisonnier d'Azkaban* [1999], trad. de l'anglais par J.-F. Ménard, Gallimard Jeunesse, «Folio junior», 1999.

---

1. Rogue : professeur de potions mis momentanément hors d'état de nuire par un sortilège, pour l'empêcher d'arrêter Sirius Black.
2. Pattenrond : chat d'Hermione.
3. L'énorme chien : Animagus de Sirius.

Autour de l'œuvre

Interview imaginaire d'Ovide

▶▶ *Votre vie est très mystérieuse : personne aujourd'hui ne sait exactement pourquoi vous avez fini vos jours sur les bords de la mer Noire. Pourriez-vous nous éclairer ?*

L'empereur Auguste m'a contraint à quitter Rome et j'ai dû prendre la route de l'exil. Mes biens n'ont pas été confisqués par l'État, mais mon œuvre a été bannie des bibliothèques publiques ! Heureusement mes amis ont gardé mes écrits qui circulent toujours dans Rome.

Ovide
(43 av. J.-C. - 17 ou 18 apr. J.-C.)

Vous me demandiez la cause de ces condamnations ? Vous touchez aux secrets d'État ! La raison officielle est qu'Auguste a jugé immoral *L'Art d'aimer*, ces quelques conseils que je donne en vers aux amants. Cela, sept ans après sa publication ! Est-ce un coup de colère lié au comportement scandaleux de sa famille ? Ce n'est tout de même pas à cause de mes livres que sa petite-fille Julie s'est livrée à la débauche ! Qu'est-ce qui aurait déplu d'autre à l'empereur ? Mes fréquentations ? Mes croyances ? Ma liberté d'inspiration ? Le fait que je n'aie pas mis mon œuvre au service de son pouvoir ?

▶▶ *Et pourquoi avez-vous écrit* **Les Métamorphoses** *? Vous étiez connu comme le poète de l'amour, qui composait de courts poèmes sur des sujets légers, comme l'art du maquillage ou de la séduction, et tout à coup vous créez une œuvre immense de douze mille vers, racontant l'histoire du monde...*

C'est difficile à dire. D'abord, l'heure était plutôt à la rigueur morale et ce n'était plus le moment d'écrire de la poésie galante ! Ensuite j'ai toujours été un grand amateur de poésie grecque, comme beaucoup de mes contemporains d'ailleurs. En effet, à Rome, il faut le dire honnêtement, tout ce qui se rapporte à la culture et à l'art subit l'influence d'un peuple que nous avons pourtant vaincu : les Grecs. À l'époque d'Alexandre Le Grand, au IVe siècle avant J.-C., les artistes se sont plu à représenter de petites scènes mythologiques ou épiques. Ils ont aussi fait de véritables catalogues mythologiques organisés autour d'un thème commun, comme la métamorphose d'hommes en oiseaux. J'ai donc été influencé par ce courant artistique. Il se peut aussi que j'ai voulu participer malgré tout à l'entreprise d'Auguste, à savoir restaurer notre ancienne religion. Je l'ai déjà fait quand j'ai écrit *Les Fastes*, calendrier des fêtes religieuses. Mais vous me direz que quand on lit certaines de mes histoires, on n'a pas forcément envie de vénérer Jupiter ou Minerve !

▶▶ *Mais comment connaissiez-vous toutes ces histoires ? On en trouve au moins deux cents dans* **Les Métamorphoses** *! Vous avez dû faire un travail de recherche énorme, à moins que vous ne les ayez inventées ?*

Quel immense créateur je serais alors ! Ma tâche ne fut pas si ardue que cela. Ces légendes ne m'appartiennent pas, elles sont racontées depuis des générations et des générations. En outre, depuis mon enfance, j'ai baigné dans leur monde. À l'école par exemple, j'ai appris à lire et à écrire avec ces légendes. Ensuite, pendant mes études à Rome, ces histoires me servaient à m'entraîner à bien écrire et à bien parler. Sur les murs des maisons, dans les promenades publiques, partout, je voyais des œuvres d'art les représentant. En plus j'ai toujours eu des facilités pour écrire de la poésie. Enfin j'ai entrepris un grand voyage dans le monde grec. J'ai alors pu enrichir mes connaissances et voir de merveilleux paysages, les décors de ces histoires.

▶▶ *Mais pourquoi avez-vous choisi précisément le thème de la métamorphose ?*

C'est que je suis un poète et ce vaste thème me permet de déployer toute la diversité de mon talent, sans ennuyer le lecteur par la répétition. Mes histoires, de l'origine du monde au temps d'Auguste, sont très variées. De plus, ce thème dit bien l'unité du monde. Il montre que le divin, l'humain et la nature ne sont pas aussi éloignés qu'on le pense, puisque la métamorphose permet le passage entre ces trois univers et que tous sont soumis à la force de l'amour. Il illustre aussi l'idée que rien n'est stable. On peut penser en effet comme le philosophe grec Pythagore que les âmes ne meurent pas, que c'est leur enveloppe qui change. La métamorphose évoque cela. Le destin de l'homme est fragile, regardez mon sort : je suis passé de la plus grande célébrité à l'obscurité. Il est difficile de savoir qui nous sommes dans cet univers en perpétuel changement. Ainsi que retiendrez-vous de moi ? Que je suis le poète de l'amour, celui des dieux ou celui de l'exil ?

Contexte historique et culturel

Ovide est né un an après l'assassinat de Jules César, dans une époque très troublée. Il faudra attendre vingt ans pour que la paix soit rétablie et qu'un ordre nouveau apparaisse avec le siècle d'Auguste. Ces années de changement verront aussi l'épanouissement des arts et en particulier de la poésie.

La fin des guerres civiles

Pendant la première partie de la vie d'Ovide, le régime politique de Rome est la République, gouvernée par le Sénat, les assemblées du peuple et les magistrats élus chaque année. Mais celle-ci connaît ses dernières heures. Les ambitions individuelles sont devenues trop fortes et l'empire trop grand. Alors que César cherche à changer le système, il est assassiné par les défenseurs de la République. Une guerre civile voit alors s'affronter opposants et partisans de César. Parmi ces derniers, Antoine l'homme de guerre ambitieux et Octave, le fils adoptif de César, se disputent le pouvoir. C'est finalement l'habile Octave qui remporte la dernière bataille à Actium en 31 av. J.-C. En 27 av. J.-C, le Sénat lui décerne le surnom d'« Auguste ». Le peuple, satisfait de retrouver la paix après presque un siècle de guerres civiles, soutient cet homme qu'il perçoit comme son sauveur.

Un ordre nouveau

Sous couvert d'avoir restitué la République, Auguste s'attribue en réalité tous les pouvoirs qu'il centralise à Rome, le Sénat ne faisant qu'enregistrer ses demandes. L'administration de fonctionnaires qu'il met en place permet de gérer le vaste empire dont Auguste est le premier empereur. L'Italie connaît alors une grande prospérité économique et le commerce un grand essor.

Les quarante années du règne d'Auguste sont aussi marquées par la volonté de l'empereur de restaurer l'ancienne religion romaine, les cultes anciens ayant été peu à peu délaissés, et de rendre plus morale la société. En vertu de quoi Auguste fait reconstruire ou construire de nombreux édifices religieux et pare la capitale impériale de grandioses monuments publics en marbre.

L'âge d'or des poètes

Dans la société romaine, la plupart du temps, les artistes vivent des générosités d'un riche protecteur et en échange de cela, célèbrent sa gloire. Ainsi Mécène, l'ami et conseiller d'Auguste, réunit autour de lui un cercle de poètes dont les noms feront la gloire de la littérature romaine : Properce, Horace et Virgile. Ces trois hommes, proches d'Auguste, se sentent redevables à l'empereur d'avoir restauré la paix et chantent dans leurs œuvres sa gloire et surtout celle de Rome qui a, grâce à lui, retrouvé sa grandeur. Ainsi, Virgile, le plus célèbre, dans son épopée *L'Énéide*, donne à Rome et à la famille d'Auguste, un passé mythique : l'ancêtre de Jules César et de Romulus et Rémus, les fondateurs de Rome, serait Énée qui, fuyant Troie, se serait installé en Italie. Ovide, comme le poète Tibulle, fréquente la société aristocratique, mais ne fait pas partie du cercle de Mécène.

Si Auguste a fortement marqué la littérature de cette époque, celle-ci est aussi très influencée par la Grèce. En effet, depuis la fin du IIIe siècle av. J.-C., la société cultivée et aristocratique romaine est imprégnée d'hellénisme. L'alexandrinisme, un courant littéraire grec qui s'intéresse aux petites choses de la vie quotidienne et aux légendes peu connues, remporte un vif succès à Rome et influence Ovide.

Enfin, à cause de l'instauration du régime impérial, l'art de bien parler, l'éloquence, jusque-là nécessaire dans les discours politiques, passe au service de la poésie ; cela contribue, avec le retour à la paix, à l'âge d'or de la poésie.

Repères chronologiques

44 av. J.-C.	**Assassinat de Jules César.**
43 av. J.-C.	Naissance d'Ovide à Sulmone, en Italie.
31 av. J.-C.	**Bataille d'Actium : victoire d'Octave sur Antoine et Cléopâtre.**
27 av. J.-C.	**Fin de la République : Octave devient l'empereur Auguste.**
25 av. J.-C.	Voyage d'Ovide en Grèce, en Asie Mineure et en Sicile.
19 av. J.-C.	Mort des poètes Virgile et Tibulle, parution posthume de *L'Énéide* de Virgile.
15 av. J.-C.	Publication des *Amours* d'Ovide.
1 av. J.-C.-1 apr. J.-C.	Publication de *L'Art d'aimer* d'Ovide.
8 apr. J.-C.	Mort du poète Horace. Départ d'Ovide en exil, à Tomes, sur la mer Noire, dans l'actuelle Roumanie, *Les Métamorphoses* sont achevées.
14 apr. J.-C.	**Mort d'Auguste. Tibère devient empereur.**
17 apr. J.-C.	Mort d'Ovide en exil.

Les grands thèmes de l'œuvre

Un monde en mouvement

Les Métamorphoses d'Ovide racontent « les métamorphoses des êtres et des choses en des corps nouveaux ». Reprenant les grandes histoires de la mythologie gréco-romaine, elles retracent l'histoire du monde depuis sa création. Des pierres qui se transforment en hommes aux hommes qui se transforment en plantes, cet immense poème mythologique composé de plus de 12 000 vers et de près de 200 récits montre la diversité du monde et son instabilité.

La magie des métamorphoses

Le récit de la métamorphose proprement dite est souvent assez rapide. Mais Ovide parvient à le rendre très frappant en le théâtralisant. Il excelle dans l'art de le rendre vivant et le lecteur a l'impression d'assister aux différentes étapes de la transformation. Ainsi la métamorphose de Daphné survient après une course haletante : on passe tout à coup du champ lexical du corps humain à celui de l'arbre et de celui du mouvement à celui de l'immobilité. De même, Ovide rend compte des métamorphoses par les tournures syntaxiques qu'il emploie (par exemple, lors de la métamorphose de Niobé en rocher, la répétition de la négation « ne ... plus » montre bien qu'elle perd son humanité) ou par le vocabulaire qu'il choisit : quand les objets inanimés comme la statue de Pygmalion ou les pierres prennent vie, le vocabulaire utilisé est celui de l'amollissement, avec des verbes comme « s'attendrir », « fléchir », « s'amollir » ou « s'adoucir ». Il recourt souvent également aux comparaisons pour marquer les étapes de la transformation. Ainsi les pierres en train de devenir des hommes sont comparées à des statues inachevées.

Unité et transformation

Dans toutes les métamorphoses, il y a toujours un lien étroit entre l'ancienne figure et la nouvelle, un caractère commun. Ovide rend ainsi la métamorphose plus crédible aux yeux du lecteur. Dans l'histoire de Deucalion et de Pyrrha, par exemple, les pierres ont des veines et sont dures, comme le seront les futurs hommes. De même, Daphné, devenue laurier, garde son ancien éclat, et l'arbre fait penser à une femme, lorsqu'il incline ses branches et agite « sa cime comme une tête ». Daphné, comme Écho, Narcisse et Arachné, gardera une fois transformée le même nom (« *daphné* » signifie « laurier » en grec). La nouvelle forme d'Arachné, comme l'ancienne, est pendue à un fil et continue à tisser. Le rocher qu'est devenue Niobé continue à pleurer et ressemble à une femme « figée par la souffrance ». La statue de Pygmalion, avant de devenir vivante, a déjà « toutes les apparences d'une jeune fille réelle » et semble « prête à se mouvoir ».

Une explication du monde

Le monde apparaît donc comme le résultat de toutes ces métamorphoses et ces multiples transformations, si elles présentent un univers en perpétuel changement, permettent aussi de donner une explication merveilleuse de l'origine des choses et des mystères de la nature. Ainsi nous apprenons que les hommes sont issus de la transformation des pierres, que les mûres sont rouges parce qu'elles ont été teintées par le sang de deux amants, que le laurier conserve ses feuilles toute l'année par la volonté d'Apollon. De même, l'étang qui se trouve en Phrygie est apparu parce que les dieux ont puni les hommes en recouvrant leurs habitations d'eau et s'il y a « à côté d'un tilleul, un chêne », c'est parce que Philémon et Baucis ont été métamorphosés en arbres à cet endroit-là. Les légendes rapportées par Ovide expliquent aussi le nom de certains lieux comme celui de l'île d'Icarie ou de Paphos.

Un univers dominé par les dieux

Dans *Les Métamorphoses*, ce sont les dieux qui provoquent les transformations. Qu'ils suscitent les métamorphoses pour récompenser ou pour punir les hommes, cela montre leur « puissance [...] sans limites ».

Piété et rites religieux

Dans les légendes de notre recueil, les hommes qui sont récompensés par les dieux sont pieux et obéissent aux règles religieuses. Ainsi Pygmalion «remercie Vénus et lui rend grâce» et Persée, par un triple sacrifice, remercie les dieux, après avoir obtenu ce qu'il voulait. À la différence des autres hommes, Philémon et Baucis obéissent aux lois de l'hospitalité quand ils accueillent deux inconnus, en mettant à leur disposition toutes leurs ressources, malgré leur pauvreté. Deucalion et Pyrrha, seuls sur terre après le déluge, se tournent vers les dieux et malgré la dévastation du monde, accomplissent les rites religieux comme il se doit : avant d'adresser leurs prières à Thémis, ils se purifient dans l'eau du fleuve, puis obéissent à la déesse qui s'est manifestée par un étrange oracle. Ces comportements pieux sont alors toujours récompensés.

Crimes et châtiments

À l'opposé, certains hommes veulent dépasser leur condition d'humains et cherchent à rivaliser avec les dieux, mais leur démesure est toujours punie. Ainsi Dédale vole, semblable à un dieu, mais son fils meurt à cause de cet acte orgueilleux. Narcisse et Daphné, en rejetant l'amour, refusent leur condition, ils perdent alors leur corps initial. Écho a voulu tromper Junon par de longs discours, la déesse lui fait perdre le contrôle de la parole. Arachné et Niobé ont, quant à elles, ouvertement défié les dieux par leurs paroles provocantes. Malgré les avertissements divins, la tisseuse invite Minerve à un concours, pour lui montrer que son art égale le sien et Niobé proclame devant son peuple sa divinité et sa supériorité sur Latone, puisqu'elle a plus d'enfants que cette dernière. Ces deux femmes sont punies, mais les dieux n'apparaissent pas exempts de torts. Pourquoi en effet Niobé perd-elle tous ses enfants et non pas quelques-uns ? Dans le cas d'Arachné, Minerve semble jalouse de la jeune fille : si elle la frappe de dépit avec sa navette, n'est-ce pas que la toile tissée par Arachné est aussi belle que la sienne ? Vexée, la jeune femme continue à proclamer son indépendance en voulant se pendre, mais Minerve ne lui accorde même pas cette liberté : sous couvert d'adoucir sa peine, elle la transforme en araignée! On peut donc se demander si toutes ces figures sont seulement des exemples d'impiété, ou si elles n'illustrent pas aussi le tragique de la condition humaine.

L'amour, une loi au-dessus de tout

Mais ce qui gouverne le monde, c'est l'amour. Dans de nombreux récits, sa puissance apparaît à travers la métaphore qui compare ce sentiment au feu. Ainsi, Pyrame, Thisbé et Apollon sont consumés par les flammes de l'amour; Narcisse et Écho voient leur corps disparaître, comme brûlé par un amour impossible.

Tout le monde est soumis à cette loi: du héros Persée qui en «oublie presque de battre les airs de ses ailes» aux dieux. Ces derniers, dans la tapisserie tissée par Arachné, en perdent même leur dignité divine: ils en sont réduits à se métamorphoser pour tromper et séduire les femmes. Le fier Apollon est vaincu lui aussi par le dieu Cupidon qui le condamne à aimer en vain une nymphe. Les dieux des Enfers, comme le rappelle Orphée, l'amoureux époux d'Eurydice, sont aussi soumis à la puissance de l'amour: l'enlèvement de Proserpine par Pluton en témoigne. Ainsi la mort elle-même ne peut vaincre l'amour. Orphée n'hésite pas à la braver pour tenter de ramener sa femme morte à la vie et il échoue de peu, une fois encore par excès d'amour. Rien n'échappe donc à cette force. Nous retrouvons là un thème de prédilection d'Ovide, le célèbre poète des *Amours* ou de *L'Art d'aimer*.

Fenêtres sur...

 Des ouvrages à lire

Des épopées antiques

• *Gilgamesh* [xive s. av. J.-C.], adapt. de Martine Laffon d'après la trad. de Jean Bottéro, Belin-Gallimard, «Classico», 2009.
La Mésopotamie antique a son héros: Gilgamesh. Il est bien turbulent et les dieux lui créent un double pour calmer son arrogance. Mais celui-ci devient son ami et ils accomplissent ensemble de nombreux exploits qui agacent toujours les dieux. Gilgamesh cherche même à devenir immortel...

• Homère, *L'Odyssée* [viiie s. av. J.-C.], trad. du grec ancien par Hélène Tronc, Belin-Gallimard, «Classico», 2009.
La guerre de Troie est terminée. Cela fait dix ans qu'Ulysse a quitté Ithaque son île, son épouse Pénélope et son fils Télémaque. Il est maintenant temps de rentrer. Avec ses compagnons, il reprend la mer. Mais les dieux ne sont pas d'accord. De nombreux obstacles l'attendent!

• Virgile, *L'Énéide* [ier s. av. J.-C], trad. du latin par A. Collognat-Barès, Pocket, «Pocket Jeunesse Classiques», 2009.
Énée fuit Troie, il traverse la Méditerranée comme Ulysse. À Carthage, il rencontre la reine Didon dont il tombe amoureux. Mais les dieux ne souhaitent pas qu'Énée reste dans la cité phénicienne. Que vont devenir alors les deux amants? Cette édition a l'avantage, en plus de nous raconter les aventures d'Énée, d'offrir des «Gros plan sur» des personnages ou des créatures mythologiques.

Des romans pour la jeunesse

• Katherine A. Applegate, série des *Animorphs*, Gallimard, «Folio junior», de 1997 à 2002.
Cinq adolescents, chargés de sauver le monde, reçoivent d'un prince extra-terrestre sur le point de mourir le pouvoir de «morpher»,

c'est-à-dire de se transformer en animaux. Mais attention à ne pas rester métamorphosé trop longtemps, sinon vous le resterez à vie...

• Henry Winterfeld, *L'Affaire Caïus*, trad. de l'allemand par Olivier Séchan, Librairie générale française, «Le livre de poche jeunesse», 2007.
Avec ce roman pour la jeunesse, vous serez transportés dans la Rome antique du Ier siècle apr. J.-C. On a retrouvé sur la façade du temple de Minerve la même inscription écrite avec des lettres de sang que celle faite la veille sur sa tablette par un écolier turbulent : «Caïus est un âne». Le problème est que, si le premier acte est une bêtise, le second est une profanation. L'écolier est alors accusé. Ses camarades se mobilisent pour enquêter afin de faire éclater la vérité.

• Rick Riordan, *Percy Jackson, Le Voleur de foudre*, trad. de l'américain par Mona de Pracontal, Librairie générale française, «Le livre de poche jeunesse», 2010.
Quand un jeune garçon découvre qu'il est un demi-dieu, sa vie devient bien plus dangereuse... Il part alors rejoindre un camp de formation pour ceux qui sont comme lui. Le problème est qu'on a volé la foudre de Zeus et que c'est lui, le fils de Poséidon, qui est accusé du vol. Réussira-t-il à retrouver à temps l'éclair ?

Des films à voir

(Les films cités ci-dessous sont disponibles en DVD.)

• *Le Voyage de Chihiro*, film d'animation de Hayao Miyazaki, 2001.
Ce film d'animation japonais traite du thème de la métamorphose. Chihiro et ses parents déménagent, mais en chemin, il leur arrive des choses étranges et Chihiro découvre ses parents transformés en cochons. Pour qu'ils retrouvent leur forme, elle doit travailler sous les ordres d'une sorcière dans un établissement de bains où elle rencontre de nombreuses créatures fantastiques qui parfois l'aident.

• *Percy Jackson, Le Voleur de foudre*, film de Chris Columbus, 2009.
Ce film américain est une adaptation du roman de Rick Riordan évoqué page 122.

• *Le Choc des Titans*, film de Louis Leterrier, 2010.
Le héros de ce péplum anglo-américain est Persée. Ce dernier se trouve mêlé malgré lui à la querelle ancestrale entre Hadès et Zeus, les deux frères ennemis. Persée parviendra-t-il à stopper la montée en puissance d'Hadès ?

🏛 *Un musée à visiter*

• **Les départements des Antiquités gréco-romaines
et des Peintures du musée du Louvre, à Paris.**
Vous découvrirez d'un côté des vestiges antiques qui vous renseigneront sur la civilisation gréco-romaine, en particulier les vases grecs sur lesquels sont peintes des scènes mythologiques, et de l'autre des tableaux représentant des épisodes des Métamorphoses.

@ *Des sites internet à consulter*

• **www.educnet.education.fr/louvre/morphe/**
Ce site fait par un enseignant vous propose une visite guidée du musée du Louvre à travers certains tableaux représentant des épisodes des Métamorphoses d'Ovide.

• **www.antiquite.ac-versailles.fr/mytho0.htm**
Sur ce site, vous trouverez des fiches explicatives sur quelques dieux et quelques héros antiques.

• **www.mediterranees.net/mythes/index.html**
Ce site dresse un index de nombreux personnages de la mythologie et des dieux et présente les textes antiques qui les mettent en scène ainsi que de nombreuses œuvres d'art, anciennes ou modernes, qui les représentent.

Glossaire

Ce glossaire est consacré aux principales figures de la mythologie romaine rencontrées au cours de la lecture. Pour les divinités les plus importantes, le nom de la divinité grecque à laquelle elle est assimilée est indiqué entre parenthèses, en italiques.

Apollon : appelé aussi Phébus ou Péan, dieu de la divination, de la poésie, de la musique et de la médecine, fils de Jupiter et de Latone, frère jumeau de Diane. Il est honoré dans les sanctuaires de Délos et de Delphes où il rend ses oracles. Il symbolise la beauté et la jeunesse éternelle. Son arbre est le laurier. Avec son arc, il vainc le serpent monstrueux Python et est capable d'envoyer une mort rapide et douce aux mortels.

Arachné : jeune fille de Lydie, réputée pour son talent de tisseuse, elle fut métamorphosée en araignée par Minerve à qui elle s'était mesurée, son nom signifie en grec « araignée ».

Atlas : géant, frère de Prométhée et d'Épiméthée, père de Maia, la mère de Mercure, souverain d'un pays où les arbres et leurs fruits sont en or. Persée le change en montagne en lui présentant la tête de Méduse ; depuis, il porte la voûte du ciel.

Bacchus *(Dionysos)* : dieu du vin et de la vigne, fils de Jupiter.

Cassiopée : reine d'Éthiopie, épouse de Céphée, mère d'Andromède. Elle s'était vantée d'être plus belle que les Néréides qui se plaignirent de cet affront au dieu Neptune. Pour la punir, il envoya un monstre marin dévaster son pays. Un oracle déclara que seul le sacrifice d'Andromède pourrait calmer la colère divine; celle-ci fut donc enchaînée à un rocher.

Cerbère: chien monstrueux à trois têtes, à la queue terminée par un serpent et au dos hérissé de têtes de serpents, gardien des Enfers. Dans l'un de ses travaux, Hercule doit le ramener à la surface de la terre.

Cérès (Déméter): déesse du blé, fille de Saturne et de Rhéa.

Cupidon: dieu de l'amour, fils de Vénus, il porte des ailes, un arc et un carquois. Les blessures de ses flèches provoquent l'amour chez ceux qui les reçoivent. On l'appelle aussi Amour.

Danaé: mère de Persée. Enfermée dans une tour par son père, elle fut néanmoins séduite par Jupiter métamorphosé en pluie d'or. Quand son père découvrit le fruit de cette union, c'est-à-dire Persée, il enferma la mère et l'enfant dans une caisse jetée à la mer. Ceux-ci furent recueillis sur l'île de Sériphos par Dictys.

Daphné: nymphe, fille du fleuve Pénée. Son nom, en grec, signifie «laurier».

Dédale: architecte athénien exilé en Crète qui conçut le labyrinthe où Minos enferma le Minotaure. Il fuit la Crète en fabriquant des ailes pour son fils et lui.

Deucalion: fils du Titan Prométhée, époux et cousin germain de Pyrrha, seul homme épargné par le déluge.

Diane (Artémis): appelée aussi Phébé, déesse vierge de la chasse, fille de Jupiter et de Latone, sœur jumelle d'Apollon. Ses attributs sont l'arc et les flèches qui lui servent à chasser, mais aussi à tuer les hommes qui doivent être punis.

Dryade: nymphe habitant les arbres.

Écho: nymphe des bois et des sources, elle n'était capable que de répéter les dernières syllabes des mots. Ainsi l'avait punie Junon pour son bavardage excessif destiné à empêcher la déesse de poursuivre les nymphes aimées par Jupiter. Elle dépérit après avoir aimé en vain Narcisse.

Épiméthée: Titan, fils de Japet et frère de Prométhée, père de Pyrrha. Il épousa Pandore, la première femme créée par les dieux, qui, dévorée par la curiosité, ouvrit la jarre contenant tous les maux. Ceux-ci se répandirent alors sur l'humanité.

Europe: princesse phénicienne aimée de Jupiter qui se métamorphosa en taureau pour la séduire et qui l'enleva sous cette forme. Sur le dos de la bête, elle traversa la mer jusqu'à la Crète. De leur union naquit Minos.

Eurydice: dryade, épouse d'Orphée, qui mourut le jour de ses noces, mordue au talon par une vipère.

Hécate : divinité présidant à la magie et aux enchantements.

Hyménée : dieu qui conduit le cortège nuptial.

Icare : fils de Dédale qui mourut lorsque son père et lui s'enfuirent de Crète en volant. Parce qu'il s'était trop élevé vers le soleil, les attaches en cire de ses ailes fondirent et il se noya. Il donna son nom à la mer dans laquelle il tomba et à l'île sur laquelle il fut enterré.

Japet : Titan, fils d'Ouranos et de Gaïa, père d'Atlas, d'Épiméthée et de Prométhée.

Junon (Héra) : déesse de la famille et du mariage, fille de Rhéa et de Saturne, femme et sœur de Jupiter. Son époux ne lui fut pas fidèle et elle punit très sévèrement tous ceux qui de près ou de loin contribuèrent à ses infidélités.

Jupiter (Zeus) : roi de l'Olympe et des dieux, dieu du ciel et de la foudre, fils de Saturne et de Rhéa, époux de Junon qu'il trompe souvent avec des mortelles ou des nymphes. Il est à l'origine du déluge qui recouvrit la terre après le crime de Lycaon.

Latone : fille du Titan Céus. Séduite par Jupiter, aucune terre ne voulut l'accueillir pour qu'elle accouche, car Junon l'avait interdit. Seule une île errante qui prendra ensuite le nom de Délos accepta de l'abriter. Elle donna alors naissance à Apollon et à Diane qui furent toujours prêts à défendre leur mère, par exemple contre Niobé.

Mars (Arès) : dieu de la guerre, fils de Jupiter et de Junon.

Méduse : une des trois Gorgones, ces monstres ailés à la chevelure de serpents, dont le regard transformait en statue de pierre quiconque le croisait. Elle fut pétrifiée par son propre regard renvoyé par le bouclier de Persée comme par un miroir.

Mercure (Hermès) : dieu du commerce, des carrefours, des voleurs et des voyageurs, messager des dieux, fils de Jupiter. Il porte des sandales ailées et un caducée.

Minerve (Athéna) : aussi appelée Pallas, déesse vierge de la sagesse et de l'artisanat, fille de Jupiter et de Métis. Son arbre est l'olivier qu'elle offrit aux Athéniens pour qu'ils la choisissent comme patronne de leur cité. Elle revêt de nombreuses identités par ses métamorphoses lorsqu'elle va dans le monde des hommes ; ainsi elle s'adresse à Arachné sous l'apparence d'une vieille femme. Déesse guerrière, ses attributs sont le casque, la lance et l'égide.

Minos : roi de Crète, fils de Jupiter et d'Europe, époux de Pasiphaé, la fille du Soleil.

Naïades : nymphes des eaux.

Narcisse : fils du fleuve Céphise et de la nymphe Liriope. Refusant l'amour, il fut condamné par Némésis à aimer sa propre image qui se reflétait dans l'eau d'une source. Ne pouvant jamais l'atteindre, il mourut de chagrin et fut métamorphosé en fleur.

Némésis: déesse personnifiant la vengeance divine. Elle punit les hommes qui s'élèvent au-dessus de la condition humaine et tentent par là d'égaler les dieux.

Neptune *(Poséidon)*: dieu de la mer, «maître des océans», frère de Jupiter et de Pluton, fils de Saturne et de Rhéa, il règne sur la mer et la terre; il a aidé Jupiter à provoquer le déluge en libérant les fleuves et en faisant trembler la terre qu'il a frappée de son trident.

Néréides: divinités marines d'une grande beauté.

Niobé: fille de Tantale, épouse du roi de Thèbes, Amphion, à qui elle donna sept fils et sept filles. Ayant eu beaucoup d'enfants, elle se vanta de sa supériorité sur Latone qui la punit en envoyant Apollon et Diane tuer ses enfants. Elle fut transformée en rocher d'où coulait une source, à l'image de ses yeux qui continuaient à pleurer.

Nymphes: divinités de la nature, de moindre importance que les dieux de l'Olympe; elles peuplent la campagne, les bois et les eaux.

Orphée: fils d'une muse, habitant la Thrace. Il est le chanteur, le musicien et le poète capable de charmer par son talent les monstres des Enfers. Ayant perdu son épouse Eurydice, il convainquit les dieux des Enfers de la laisser remonter avec lui. Ils acceptèrent à la condition qu'il ne se retournerait pas pour la regarder avant d'être sorti des Enfers. Il n'y parvint pas et perdit une seconde fois Eurydice. De chagrin il refusa l'amour des femmes, mais celles-ci, pour se venger, le tuèrent.

Pallas: autre nom de Minerve.

Péan: surnom d'Apollon.

Pénée: dieu du fleuve du même nom qui se situe en Thessalie, dans le Péloponnèse; père de Daphné.

Persée: fils de Danaé et de Jupiter, héros donc, protégé par Mercure qui lui donna une épée et par Minerve qui l'aida à accomplir ses exploits, notamment à tuer Méduse; il se déplaçait grâce à ses sandales ailées ou en chevauchant le cheval ailé Pégase.

Phébé: autre nom de Diane, désigne aussi la lune.

Phébus: autre nom d'Apollon, désigne aussi le soleil.

Pléiades: les sept filles d'Atlas que Jupiter métamorphosa en étoiles.

Pluton *(Hadès)*: dieu des Enfers, mari de Proserpine qu'il enleva pour l'épouser, frère de Jupiter et de Neptune, fils de Saturne et de Rhéa. Il règne sur le monde souterrain.

Prométhée: Titan, fils de Japet et donc petit-fils d'Ouranos (le ciel) et de Gaia (la terre), frère d'Épiméthée et père de Deucalion. Il créa la race humaine en la façonnant avec de la terre et vola le feu divin pour le donner aux hommes. Il fut puni par Jupiter: attaché au sommet du Caucase, il fut condamné à avoir le foie sans cesse renaissant dévoré chaque jour par un aigle.

Proserpine *(Perséphone)*: déesse des Enfers, épouse de Pluton et fille de Cérès et de Jupiter. Lorsque Pluton enleva sa fille, Cérès fut si désespérée qu'elle ne siégea plus sur l'Olympe et ne fit plus pousser le blé sur la terre. Jupiter demanda alors à son frère Pluton de rendre la jeune fille, ce qui n'était plus possible. Ils trouvèrent un arrangement qui fut que Proserpine vivrait six mois sous terre avec son mari (cela correspond à l'automne et à l'hiver) et six mois sur terre avec sa mère (cela correspond au printemps et à l'été).

Pygmalion: roi de Chypre qui tomba amoureux de sa statue. Vénus la transforma en jeune fille qu'il épousa.

Pyrrha: fille du Titan Épiméthée et de Pandore, femme et cousine germaine de Deucalion, seule femme épargnée par le déluge.

Python: serpent monstrueux né de la Terre, occupant le site de Delphes, il fut tué par les flèches d'Apollon.

Saturne *(Cronos)*: Titan, fils d'Ouranos et de Gaia, père de Jupiter, Neptune, Pluton, Junon, Vesta et Cérès. Il fut détrôné par son fils Jupiter.

Styx: fleuve des Enfers qui en marque la limite. Les Enfers, pour les Anciens, sont situés sous terre.

Tantale: fils de Jupiter, père de Niobé, roi extrêmement riche, il était admis dans les festins des dieux. Il commit des impiétés pour lesquelles il fut condamné aux Enfers à une faim et une soif éternelles, la nourriture et l'eau lui échappant toujours quand il essayait de s'en saisir.

Thémis: déesse de la loi; elle a inventé les oracles et a précédé Apollon à Delphes.

Tirésias: devin aveugle; aveugle parce que, mécontente d'une réponse à ses questions, Junon lui a ôté la vue et devin, car pour le consoler, Jupiter lui a donné le don de divination.

Titans: divinités primitives enfantées par Ouranos (le ciel) et Gaia (la terre).

Triton: fils de Neptune, dieu marin ayant le haut du corps d'un homme et le bas en forme de poisson; il est barbu et souffle dans un coquillage qui lui sert de trompe, la conque.

Vénus *(Aphrodite)*: déesse de l'amour, mère de Cupidon; elle était particulièrement honorée sur l'île de Chypre.

Imprimé en Espagne par Novoprint (Barcelone)
Dépôt légal: août 2010
N° d'édition: 70115437-06/mars2016